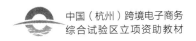
中国（杭州）跨境电子商务
综合试验区立项资助教材

中国（杭州）跨境电商
人才联盟推荐教材

跨境电子商务新形态立体化教材

Ⓢ Shopee 平台官方权威操作指南
涵盖平台政策、流程及案例

CROSS-BORDER E-COMMERCE

MULTI-DIMENSIONAL PRACTICE COURSE OF SHOPEE

跨境电商 Shopee 立体化
实战教程

吴　宏　潘卫克 / 主编

ZHEJIANG UNIVERSITY PRESS
浙江大学出版社

图书在版编目(CIP)数据

跨境电商 Shopee 立体化实战教程 / 吴宏,潘卫克主编. —杭州:浙江大学出版社,2019.10
ISBN 978-7-308-19627-7

Ⅰ. ①跨… Ⅱ. ①吴…②潘… Ⅲ. ①电子商务—教材 Ⅳ. ①F713.36

中国版本图书馆 CIP 数据核字(2019)第 219363 号

跨境电商 Shopee 立体化实战教程

吴宏　潘卫克 主编

丛书策划	黄娟琴
责任编辑	曾　熙
责任校对	郑成业　陈　欣
封面设计	春天书装
出版发行	浙江大学出版社
	(杭州市天目山路 148 号　邮政编码 310007)
	(网址:http://www.zjupress.com)
排　版	杭州朝曦图文设计有限公司
印　刷	嘉兴华源印刷厂
开　本	787mm×1092mm　1/16
印　张	14.5
字　数	340 千
版 印 次	2019 年 10 月第 1 版　2019 年 10 月第 1 次印刷
书　号	ISBN 978-7-308-19627-7
定　价	55.00 元

"跨境电子商务新形态立体化教材"

丛书编写委员会

编写委员会成员

施黄凯	陈卫菁	柴跃廷	陈德人	章剑林	琚春华
华 迎	武长虹	梅雪峰	马述忠	张玉林	张洪胜
方美玉	金贵朝	蒋长兵	吴功兴	赵浩兴	柯丽敏
邹益民	任建华	刘 伟	戴小红	张枝军	

支持单位

中国（杭州）跨境电子商务综合试验区

阿里巴巴集团

亚马逊全球开店

Wish 电商学院

Shopee 东南亚电商平台

中国（杭州）跨境电商人才联盟

国家电子商务虚拟仿真实验教学中心

"跨境电子商务新形态立体化教材"

丛书编写说明

"世界电子商务看中国,中国电子商务看浙江,浙江电子商务看杭州。"浙江是经济强省,也是电子商务大省,杭州是"中国电子商务之都",浙江专业电子商务网站数量占全国专业电子商务网站数量的1/3,浙江电子商务的发展与应用水平全国领先。浙江电子商务的成就,主要归功于政府开放式创新创业氛围的营造和大量电子商务专业人才的贡献。自2015年3月7日国务院批复同意设立中国(杭州)跨境电子商务综合试验区以来,杭州积极探索,先行先试,跨境电商生态体系不断完善、产业发展势头强劲,以"六体系两平台"为核心的跨境电商杭州经验被复制推广到全国。截至2018年年底,杭州累计实现跨境电商进出口总额达324.61亿美元,年均增长48.6%,13个跨境电商产业园区差异化发展,全球知名跨境电商平台集聚杭州,总部位于杭州的跨境电商B2C平台交易额近1700亿元,杭州跨境电商活跃网店数量增加至15000家,杭州外贸实绩企业数量增加至12000家,杭州跨境电商领域直接创造近10万个工作岗位、间接带动上百万人就业。跨境电商正在成为杭州外贸稳增长的新动能、大众创业万众创新的新热土,推动杭州由中国电子商务之都向全球电子商务之都迈进。

对外经济贸易大学国际商务研究中心联合阿里研究院发布的。中国跨境电商人才研究报告。中的数据显示,高达85.9%的企业认为跨境电子商务"严重存在"人才缺口,而各高等院校、培训机构对跨境电子商务人才培养标准不一,所使用的教材、培训资料参差不齐,也严重制约了跨境电子商务人才的培养。

为提升跨境电子商务人才的培养质量,开展多层次跨境电子商务人才培训,提高跨境电子商务研究水平,加快推进人才建设的战略部署,创建具有中国(杭州)跨境电子商务综合试验区特色的人才服务,浙江省教育厅、中国(杭州)跨境电子商务综合试验区建设领导小组办公室领导,协同浙江大学、浙江工商大学、杭州师范大学、浙江外国语学院、杭州师范大学钱江学院、浙江金融职业学院、浙江经济职业技术学院、浙江商业职业技术学院、阿里巴巴、亚马逊、Wish、谷歌、深圳市海猫跨境科技有限公司、浙江鸟课网络科技有限公司、深圳科极达盛投资有限公司、杭州众智跨境电商人才港有限公司、浙江执御信息技术有限公司、杭州跨境电子商务协会联合编写"跨境电子商务新形态立体化教材"丛书。该丛书的出版发行,必将引起跨境电子商务行业的广泛关注,并将进一步推动我国跨境电子商务产业不断向前发展,也为广大跨境电子商务从业者、跨境电子商务科研工作者、跨境电子商务爱好者学习研究跨境电子商务提供了必要的参考。

"跨境电子商务新形态立体化教材"丛书的编写,是中国(杭州)跨境电子商务综合试验区的重要工作,也是浙江省教育工作服务浙江经济、培养创新人才的一项重要工程。教材编写整合了浙江省内外高校、知名企业、科研院所的专家资源,突出强调教材的国际化、网络化和立体化,使"跨境电子商务新形态立体化教材"丛书成为推进浙江省乃至全国教材改革的示范。

浙江省教育厅

中国(杭州)跨境电子商务综合试验区

中国(杭州)跨境电商人才联盟

浙江工商大学管理工程与电子商务学院

国家电子商务虚拟仿真实验教学中心

2019 年 1 月

序

尊敬的读者朋友,你们好!当你们打开这本《跨境电商 Shopee 立体化实战教程》时,你们也打开了通往 6 亿多人口的电商蓝海的商机。作为 Shopee 早期员工之一,我非常高兴第一本关于 Shopee 跨境运营的教材即将问世。中国跨境卖家创造了 Shopee 跨境一路走来的一个又一个里程碑,这些成绩是 Shopee 每个员工过去几年工作的巨大动力,这本《跨境电商 Shopee 立体化实战教程》将是 Shopee 在中国的又一个高峰。

2015 年,Shopee 在东南亚成立,覆盖新加坡、马来西亚、菲律宾、印度尼西亚、泰国和越南等市场,同时在中国的深圳、上海和香港设立跨境业务办公室。在短短的 3 年多时间里,平台 GMV(gross merchandise volume)突破 100 亿美元,APP 下载量超过 2 亿,拥有超过 8000 名的员工。Shopee 中国跨境业务表现亮眼,单量涨幅巨大,在 2018 年"11·11"与"12·12"大促中,跨境卖家单量增长了 10 倍。Shopee 为中国卖家提供自建跨境物流 Shopee Logistics Services(SLS)、小语种客服和支付保障等解决方案,卖家可通过平台轻松触达东南亚市场。

跨境电商在中国的发展已经非常迅速,早期卖家在欧美开拓市场,由于欧美市场的增长放缓,卖家对东南亚市场的积极性大增。对于东南亚这样的新兴市场,有着增速快、潜力大、成本低、消费习惯相近的特点,吸引着广大的中国卖家。东南亚整个电商的崛起给了跨境卖家更大的舞台去把中国的好产品和电商新理念带给全世界消费者。Shopee 作为东南亚领航的电子商务平台,也成为中国卖家的首选。市场的广泛需求使得这本《跨境电商 Shopee 立体化实战教程》应运而生。

《跨境电商 Shopee 立体化实战教程》系统地介绍了 Shopee 的运营规则、流程、技巧,还给出了实操的详细指导,对于中小卖家和没有跨境电商经验的新手卖家非常实用。本教材还配套了线上实操的部分视频,用更加立体的方式和学习者开展交流。这本书是由 Shopee 各个卖家管理团队的同事一起努力把工作中的点滴心得用系统化的方式呈献给卖家的结果,大家花了很多的时间来整理优化,这本教材可谓是 Shopee 员工智慧的结晶。同时,该教材也得到了浙江财经大学的大力支持,从教学视角给了非常多的建议。希望这本教材能够使更多的卖家了解 Shopee,了解 Shopee 如何运营,从而提升 Shopee 的单量,和 Shopee 一起成长。

最后,希望读者朋友们都能和 Shopee 一同参与并见证一个又一个的东南亚奇迹!

Shopee 中国总经理 刘江宏

2019 年 7 月

前　言

　　近年来,随着欧美市场贸易保护措施层层加码,东南亚、中东等新兴市场得到了快速的发展,吸引了越来越多的中国卖家进入这些新崛起的蓝海市场。Shopee 作为东南亚领航电子商务平台,自 2015 年 6 月推出以来,实现了快速的发展。2018 年,Shopee GMV 达到 103 亿美元,社群媒体粉丝数超过 3000 万,全球活跃卖家达 700 万,APP 下载量超过 2 亿,并拥有超过 8000 名员工。短短的几年,Shopee 就从一个新兴电商平台一跃成为东南亚电商平台巨头之一。

　　作为"一带一路"沿线的重要国家,东南亚各国成为不少中国企业拓展境外业务的目的地,就消费者特征而言,东南亚人口多密度大是其重要特征之一,共拥有 6.25 亿人口。2017 年,由谷歌和淡马锡联合发布的《东南亚电子商务报告》也显示东南亚是全球互联网发展最快的地区,到 2020 年,网民数量将达到 4.8 亿;未来 10 年,东南亚地区,电子商务的复合年均增长率将达 32% 左右;到 2025 年,东南亚电子商务市场规模将达到 880 亿美元。此外,东南亚距离中国比较近,用户消费习惯受中国影响比较大。同时,中国产品的性价比在东南亚市场具有非常大的优势,实际上,Shopee 很多本地卖家卖的产品都是从中国批发过去的。东南亚电商市场的高速增长,已成为吸引中国卖家的新兴市场。Shopee 的成功也吸引了越来越多的中国卖家前来入驻,给中国产品进入东南亚市场带来巨大商机。跨境电子商务作为新型的贸易方式,非常适合有一定基础的年轻人投身创业,也确实涌现了一大批身家千万甚至上亿的大卖家。东南亚市场作为新的蓝海,其主流电商平台 Shopee 在中国的发展无疑会带来一次新的造"富"契机。然而,与 Amazon 等平台相比,市场上还没有一本适合高校教师教学和大学生学习的 Shopee 教材。浙江财经大学作为 Shopee"Young 帆计划"人才孵化基地授牌高校,在杭州跨境电商综试区的指导下,在 Shopee 的支持与合作下,编写了《跨境电商 Shopee 立体化实战教程》。该教材适用对象包括高校普通本科生和高职院校专科生,在章节逻辑和体系结构上遵循大学生学习循序渐进的思维,通过详细的操作讲解和深入的规则解读,帮助有志采用 Shopee 平台的莘莘学子能够熟练参与平台的运营,把握未来可见的巨大商机。

　　本教材由高校专家、骨干教师,政府部门跨境电商负责人和 Shopee 的企业骨干联合编写,除主编外,参编人员有金星、谭咪、韦静瑜、袁嘉明、徐津桐、王诗韵、胡欣怡、李维、陈露、沈佳华、朱慧敏、侯燕、蔡玮、程洋、胡忖忖、汪晶、华丽珊、张华扬、秦琴等。教材涵盖了电子商务、计算机和国际贸易等多个学科,以 Shopee 跨境电商全流程实践为主线,辅之专题教学视频、教学PPT、教学案例、课程重难点提示、课程习题等全方位立体化教学资源,力争做到寓教于学、寓教于行,让更多的有志青年能在 Shopee 大有所为,大展宏图。

浙江财经大学　吴宏

2019 年 8 月

目录

第一章

Shopee 平台介绍

【学习要求】 了解 Shopee 的发展历程,掌握 Shopee APP 的安装流程。

【学习重点或难点】 Shopee APP 的安装。

Shopee 是东南亚领航电商平台,覆盖新加坡、马来西亚、菲律宾、印度尼西亚、泰国和越南等市场,在深圳、上海和香港设有跨境业务办公室。2018 年 Shopee GMV(gross merchandise volume,成交总额)达到 103 亿美元,同比增长 149.9%,APP 下载量超过 2亿,全球员工超 8000 人。根据权威移动数据分析平台 APP Annie 的调查数据,Shopee 在 2018 年东南亚购物类 APP 中下载量排名第一。

第一节 东南亚市场介绍

东南亚是一个体量大且高速增长的市场,2018 年东南亚市场 GDP 达到 2.894 万亿美元,互联网普及率高、年轻化、移动化、社交化都是它的重要特点。

一、东南亚地区简介

东南亚(Southeast Asia,SEA),位于亚洲东南部,包括中南半岛和马来群岛两大部分。东南亚地区共有 11 个国家,即越南、老挝、柬埔寨、泰国、缅甸、马来西亚、新加坡、印度尼西亚、文莱、菲律宾、东帝汶,面积约 457 万平方千米。2014 年的全球统计数据显示,东南亚人口已达 6.25 亿。根据 2018 年由谷歌和淡马锡联合发布的《东南亚电子商务报告》显示,报告所研究的 6 个国家(印度尼西亚、马来西亚、菲律宾、新加坡、泰国和越南)在 2015 年仅有 2.6 亿互联网用户,而 2018 年已经拥有约 3.5 亿用户,到 2020 年,网民数量预计将达到 4.8 亿人。随着智能手机的普及,以及移动通信服务速度和可靠性的快速提升,这一数字将会继续增加。

二、移动互联网的原住民

在互联网用户的数量上,东南业具有极为突出的优势。2018 年,东南亚的互联网用户数已超过 3.5 亿,预计在未来 5 年中,每天会有约 12 万新的互联网用户,也就是说,基本上每个月就有接近 380 万的用户在东南亚市场产生,东南亚很可能会成为 2015—2020 年间全球增长最快的互联网市场。

此外,与欧美主流国家不同的是,东南亚并没有经历互联网 PC 端时代,而是直接跳跃进移动时代。在智能手机逐渐普及后,东南亚互联网用户每人每天在移动端上花费的时间约为 3.6 小时,其中排名第一的泰国互联网用户每人每天在移动端上花费的时间约为 4.2 小时,其次是世界第三大人口国印度尼西亚,其互联网用户每人每天在移动端上花费的时间约为 3.9 小时。值得注意的是,在东南亚的 6.25 亿人口中,有超过 50% 的人年龄处于 30 岁以下,且以"00 后"居多。这些千禧一代非常依赖从移动设备获取信息、进行购物。此外,东南亚当地人民酷爱 Facebook(脸书网),3.5 亿互联网用户中,2.5 亿的用户都在使用 Facebook,不难看出该市场社交化的特征显著。

东南亚地区的互联网用户数量和移动互联网原住民的属性,使东南亚成为拥有巨大商机的新兴蓝海市场。

三、跨境电商潜力巨大的东南亚市场

互联网的普及为电子商务的成长奠定了基础,而年轻化的人口则提供了强劲的购买力。公开资料显示,2016 年,东南亚电商零售额占零售总额的 1.3%,远低于中国的 17.1%,发展仍处"原始期"。专家预测,到 2025 年,东南亚电商市场总额将达 1020 亿美元,年复合增长率达到 34%。所有东南亚国家的电商市场总额都将超过 50 亿美元。Euromonitor International(欧睿)曾预计,就东南亚地区 6 个主要市场而言,2015—2030 年间,其总体的消费支出将从 13360 亿美元增长到 27580 亿美元。

在东南亚,印度尼西亚绝对是一个令人瞩目的明星市场。据摩根士丹利的数据,在 2017 年和 2018 年两年里,印度尼西亚市场以每年 50% 的幅度增长。2018 年,印度尼西亚市场规模已达 130 亿美元,至 2025 年,其将发展至 530 亿美元的市场规模。除智能手机渗透率的提高之外,流量数据成本较低及开设银行账户人数的与日俱增也是推动印度尼西亚电商市场持续增长的关键因素。

第二节　Shopee 发展历史

Shopee 母公司 Sea Group 成立于 2009 年,为首家在纽交所上市的东南亚互联网领军企业(股票代码:SE)。以 Sea 为名,是因为公司扎根于拥有 6 亿多人口的东南亚市场,Sea 不仅代表了地理意义上的市场疆界,也彰显了"Connecting the Dots"的理念,完美诠释了 Shopee 保持谦卑、不断探索及拥抱变化的核心价值观,体现了运用科技的力量改善当地消费者生活,帮助中小企业发展的经营理念。Sea 旗下包含游戏平台 Garena、电子商务平台 Shopee 和电子金融业务 AirPay。其中 Shopee 是东南亚领航电商平台,2018 年 GMV 达到 103 亿美元,同比增长 149.9%。

2009 年 5 月,Sea Group 推出游戏公司 Garena,代表作"Free Fire",在 2018 年全球游戏下载量排行榜中名列第四。

2014 年 4 月,Sea Group 推出 AirPay 支付渠道及电子金融服务。

2015 年 6 月,Sea Group 推出了移动电商平台 Shopee,根据权威移动数据分析平台 APP Annie 权威数据显示,Shopee 2018 年位列全球 C2C 购物类 APP 下载量排名第一。

2016 年 1 月,Shopee 在深圳成立跨境服务办公室,开启 Shopee 跨境业务。

2017 年 9 月,Shopee 成立上海办公室,为华东卖家提供更好的落地服务。

第三节　Shopee 平台介绍

Shopee 是东南亚首个上市的互联网公司 Sea Group 于 2015 年 6 月推出的基于移动端的东南亚领航电商平台,用户可以随时随地在 Shopee 上浏览、购买和出售物品,覆盖了新加坡、马来西亚、菲律宾、印度尼西亚、泰国和越南等市场。2018 年,Shopee GMV 达到 103 亿美元,同比增长 149.9%,APP 下载量超过 2 亿,全球员工超 8000 人。根据权威移动数据分析平台 APP Annie 的统计,Shopee 为 2018 年东南亚购物类 APP 下载量第一名。

一、Shopee 的一站式解决方案

Shopee 为卖家提供了一站式的跨境卖家解决方案,从流量、物流、孵化、语言、支付、ERP 等六个层面全方位帮助跨境卖家成长。

(一)流量方面

Shopee 平台全年 12 个月满满的大型促销(以下简称"大促")活动,为卖家带来持续的高密度流量。每年上半年,以 4 月的泼水节、6 月的斋月为高潮;而每年下半年则是以"9·9""11·11""12·12"大促活动,持续引爆市场。

(二)物流方面

Shopee 把东南亚本土六大市场的最好的物流服务商进行整合,形成一个最优组合,搭建完成了自己的跨境物流体系,即 Shopee Logistics Services(简称 SLS)。卖家只需要出单后把包裹发到 Shopee 在上海、义乌、泉州、深圳的任意仓库,后续国际(地区间)物流均由 Shopee Logistics Services 完成。物流成本相较于市面上所有物流商降低了 30%,并且将购买行为中的物流风险降到最低。

(三)孵化方面

Shopee 极具特色的卖家孵化团队将在新卖家入驻平台的前三个月中,提供顾问式服务并为卖家制定成长计划,通过针对性顾问式服务帮助卖家快速熟悉平台运营及当地市场,挖掘卖家大卖潜力。

(四)语言方面

印度尼西亚、泰国、越南市场为小语种市场。为减轻卖家销售中的语言障碍,Shopee 的印度尼西亚、泰国、越南市场均有本土客服团队,在"聊聊"(Shopee 即时通信工具"Chat")上为卖家解答客户咨询。另外,针对有竞争力的产品直接提供产品本地化翻译服务。

(五)支付方面

Shopee 启动支付保障计划,对货款进行托管,交易成功后将货款及运费补贴通过第三方支付合作商 LianLian Pay(连连跨境支付)、Payoneer(派安盈)和 PingPong 打款给卖家。打款周期为 2 周一次,分别为月初和月中,打款金额为打款日期前妥投的订单。

(六)ERP 方面

Shopee 已经对接了目前市场主流的第三方 ERP 系统,卖家均可实现免费的自主对接。卖家自有 ERP 也可以跟 Shopee 进行 API(application programming interface,应用

程序编程接口)对接。

二、Shopee 的六大市场

截至 2019 年 5 月,Shopee 最新财报数据显示,Shopee 的社群媒体粉丝数已超过 3000 万,全球活跃卖家 700 万,APP 下载量超过 2 亿。为了方便卖家更好地认识 Shopee 新加坡、马来西亚、菲律宾、印度尼西亚、泰国、越南六大市场,表 1-1 列出了这六大市场的简写。

表 1-1　Shopee 六大市场概况

市场	人口数量/人	人均 GDP/美元	主要语言	移动用户占比/%	简写
新加坡	560 万	57700	英语	82	SG
马来西亚	3160 万	9900	英语	68	MY
菲律宾	1.0 亿	3000	英语	58	PH
印度尼西亚	2.6 亿	3900	印尼语	67	ID
泰国	6900 万	6600	泰语	80	TH
越南	9600 万	2300	越南语	73	VN

资料来源:整理自世界银行数据网站(http://data.worldbank.org.cn)

三、Shopee 的热销品类

在产品品类方面,Shopee 是一个备受用户青睐的移动电商平台,其中女性用户更青睐服装配饰、美妆、母婴用品、家居装饰、流行鞋包等主要品类,而男性用户则更喜欢 3C 电子、男装、户外用品等类目。目前,在 Shopee 覆盖的六大市场中,各市场普遍热卖的品类主要有 3C 电子、服装配饰、母婴用品、家居装饰、美妆、保健等。

四、Shopee 网站介绍

目前 Shopee 平台针对买家和卖家使用的是同一网站。

(一)Shopee 买家端网址

在 Shopee 买家端界面,买家可以进行产品的浏览、搜索、产品购买等,如图 1-1 所示。

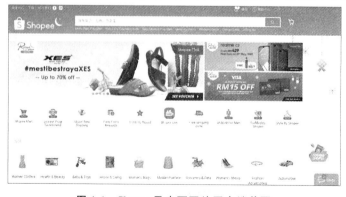

图 1-1　Shopee 马来西亚站买家端首页

Shopee 买家端登录网址如下。

新加坡市场：https：//shopee.sg/。

马来西亚市场：https：//shopee.com.my/。

印度尼西亚市场：https：//shopee.co.id/。

泰国市场：https：//shopee.co.th/。

菲律宾市场：https：//shopee.ph/。

越南市场：https：//shopee.vn/。

（二）Shopee 卖家端网址

Shopee 卖家端即 Shopee 卖家中心，可以帮助卖家进行产品刊登、创建产品分类目录、处理订单、装修店铺、参加平台活动、收款等一系列操作，如图 1-2 所示。

图 1-2　Shopee 卖家中心

Shopee 卖家中心登录网址如下。

新加坡市场：https：//seller.shopee.sg/。

马来西亚市场：https：//seller.shopee.com.my/。

印度尼西亚市场：https：//seller.shopee.co.id/。

泰国市场：https：//seller.shopee.co.th/。

菲律宾市场：https：//seller.shopee.ph/。

越南市场：https：//banhang.shopee.vn/。

五、Shopee APP 介绍

（一）下载安装 Shopee APP

Shopee APP 针对 iOS（苹果公司开发的移动操作系统）、Android（安卓系统，一种基于 Linux 的自由及开放源代码的操作系统）等系统的移动设备有不同的版本，并且六大市场的 APP 相互独立，方便卖家实现本地化运营。

1. iOS 系统

在 APP Store 中输入 Shopee 即可下载对应市场 APP，图 1-3 所示为马来西亚市场

iOS系统下载界面。

图 1-3　Shopee 马来西亚市场 iOS 系统 APP Store 下载界面

2. Android 系统

Shopee APP Android 系统版本通过网盘下载 APK 文件安装使用，下载地址请前往 http://shopee.cn 官方网址公告栏中查看。

（二）Shopee APP 介绍

Shopee APP 是一款基于手机移动端的全球综合类产品购物应用，目前针对六大不同市场拥有独立 APP，用户可以在对应的手机应用商场中下载并使用。其提供了丰富多样的产品，包括男装、女装、鞋子、时尚服饰、家具装饰、饰品、手机配件、电子产品、手表、婴儿及儿童用品、化妆美容用品、节假日礼品等。

Shopee APP 支持在各类手机、平板电脑等设备（iOS/Android 系统）上使用，并具有良好的适应性和极佳的使用体验。用户可以通过 Shopee APP 轻松浏览和购买各类产品，另外可以在 Shopee Mart（Shopee 卖场）中购买具有官方品牌质量保证的优质产品，如图 1-4 所示。

图 1-4　马来西亚市场 Shopee Mart 界面

在 Shopee APP 上，用户不仅可以通过类目和品牌搜索产品，还可以通过"每日新发现"，寻找可能感兴趣的产品信息，如图 1-5 所示。

Shopee APP 提供的产品性价比非常高，产品的优惠折扣达到 50％～80％。另外，每日特定时段各个市场提供了"限时秒杀"主题活动，优惠力度更是在 95％ 以上，如图 1-6 所示。

图 1-5　Shopee 马来西亚市场"每日新发现"产品　　**图 1-6　Shopee 马来西亚市场"限时秒杀"活动产品**

（三）使用 Shopee APP 购物

（1）打开 Shopee APP，如图 1-7 所示。

图 1-7　打开 Shopee APP

（2）登录或注册 Shopee 个人账户，如图 1-8 所示。

图 1-8　Shopee APP 登录/注册界面

（3）在搜索栏输入您想要购买的产品名，如图 1-9 所示。以"bag"为例，搜索后的结果如图 1-10 所示。

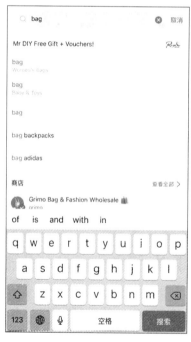

图 1-9　在搜索框搜索"bag"的操作

图 1-10　"bag"搜索结果展示

（4）点击进入您想要购买的产品详情界面，如图 1-11 所示。

图 1-11　产品详情界面

（5）选择您想要购买的产品型号，如图 1-12 所示。

图 1-12　产品型号界面

（6）点击"Buy Now"完成购买流程，如图 1-13 所示。

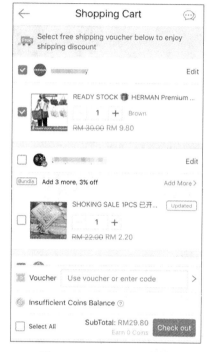

图 1-13　Shopee 购买界面

通过以上的操作，买家可以轻松地在 Shopee 购买到自己喜欢的产品。

本章小结

本章介绍了 Shopee 的发展历史，重点介绍了 Shopee 平台的一站式解决方案、六大市场、畅销品类，以及在东南亚市场的网站及 APP 使用方法。

本章习题

📄 第一章习题

第二章

注册开店

【学习要求】 了解 Shopee 平台开店政策，掌握 Shopee 平台开店流程。

【学习重点或难点】 掌握开设跨境店铺的方法。

跨境销
售第一站

第一节　Shopee 平台开店政策

一、Shopee 开店要求

（一）跨境卖家招商政策

如果卖家主营亚马逊、eBay、Wish、Lazada、速卖通等跨境电商平台，需要符合以下资质要求。

（1）拥有在中国内地或香港注册的合法企业营业执照。

（2）产品符合当地出口要求及当地进口要求。

（3）有一定跨境电商经验及产品数量在 100 款以上。

（二）内贸电商卖家招商政策

如果卖家主营淘宝、天猫、拼多多、京东等电商平台，需要符合以下资质要求。

（1）拥有中国内地或香港合法企业营业执照或个体工商户营业执照。

（2）产品符合当地出口要求及当地进口要求。

（3）有一定内贸电商经验及产品数量在 50 款以上。

（三）Shopee 入驻所需资料

（1）拥有中国内地或香港合法企业营业执照或个体工商户营业执照。其中，个体工商户营业执照仅针对境内电商卖家店铺近 3 个月的订单流水或资金流水截图（只需要提供总体的数据，无须精细到每一天）。

（2）ERP 或系统后台的产品数量截图。

（3）法人身份证正反面复印件。

（四）Shopee 入驻渠道

登录 Shopee 官网（https：//shopee.cn/seller）进行申请并提交资料。

二、佣金及交易手续费

（一）Shopee 平台佣金收取的政策

Shopee 平台佣金收取政策，根据不同店铺月销售额不同，分为以下三个梯度。

（1）第一梯度：上月已完成的订单总金额小于 50 万美元的店铺按照成交额收取 5% 的佣金。

（2）第二梯度：上月已完成的订单总金额大于 50 万美元同时小于 100 万美元的店铺按照成交额收取 4% 的佣金。

（3）第三梯度：上月已完成的订单总金额大于 100 万美元的店铺按照成交额收取 3% 的佣金。

其中，收取佣金的费率适用于下一个月 16 号开始后的一个月。

（二）收取佣金的订单

（1）只针对完成的订单收取交易佣金（收取佣金的基数不包含订单运费）。

（2）如果订单取消将不收交易佣金。

（3）同一卖家在平台各站点的前 3 个月不收取该站点交易佣金。

注意：Shopee 平台保留最终解释权，不排除收费项目和标准的调整，当前版本费率适用至 Shopee 平台发布新佣金费率时。

（三）Shopee 平台新卖家免佣期计算规则

Shopee 向首次入驻平台的新卖家提供 3 个月的免佣期，新卖家各站点免佣时间以卖家在相应平台开设店铺的日期开始计算。

【例 2-1】

（1）卖家 A 在新加坡站点开设店铺日期为 7 月 1 日，则该新加坡站点的店铺会于 10 月 1 日开始被收取佣金。

（2）卖家 A 在马来西亚开设店铺日期为 9 月 15 日，则该马来西亚站点的店铺会于 12 月 15 日开始被收取佣金。

（四）交易手续费

Shopee 平台于 2019 年 1 月 1 日开始对卖家收取 2% 的交易手续费，该费用实际为需要支付给交易清算服务商的手续费，此前该部分费用一直由 Shopee 承担。

交易手续费收取标准如下。

（1）手续费收取比例为 2%。

（2）针对已完成订单收取（货到付款及非货到付款订单均会被收取）。

（3）针对订单金额（包括买家支付运费）收取手续费。

（4）该手续费与平台佣金相互独立。

第二节　Shopee 平台开店流程

一、如何注册为 Shopee 店铺

Shopee 本地店铺买家和卖家是用同一个后台和注册方式，注册方式如下（请注意：该本地账户无法直接转化为跨境店铺），以下以马来西亚店铺注册为例。

（1）打开 Shopee 马来西亚店铺首页（https://shopee.com.my），然后点击注册，如图 2-1所示。

图 2-1　Shopee 马来西亚店铺首页

（2）填写注册信息，请注意此处手机号码需要使用马来西亚当地手机号码才能注册，用户名设置后将不能再修改。同时也可以使用电子邮箱（以下简称电邮或邮箱）或者 Facebook 账户注册或登录，如图 2-2、图 2-3 所示。

图 2-2　使用电子邮箱注册 Shopee

图 2-3　使用 Facebook 注册 Shopee

二、如何注册为跨境店铺

（一）商家入驻流程

Shopee 商家入驻流程如图 2-4 所示。

线上申请	资质审核	注册开店	新店任务
登录shopee.cn提交入驻申请	我们的工作人员将在5个工作日内与您取得联系并进行资质审核	资质审核通过后，您将收到注册邀请邮件，请通过邮件提示内容完成店铺注册，并根据各站点规则进行物流和支付相应设置	店铺注册成功后，按照招商经理的指导尽快上新产品完成开店任务

图 2-4　Shopee 商家入驻流程

（二）提交申请

卖家可登录 http://shopee.cn 官网，然后点击"立即入驻"按钮，如图 2-5 所示。

图 2-5　"立即入驻"界面

登录后可按照入驻要求填写线上申请，包括以下内容。

(1)"联系人信息"主要有联系人、联系手机、邮箱和 QQ，如图 2-6 所示。请注意该联系邮箱和手机将会作为您在 Shopee 官方唯一联系方式，后续开通店铺需要用于接收验证码。

图 2-6　"联系人信息"填写界面

(2)"公司信息"主要有公司名称、公司地址、员工总数和营业执照编号，如图 2-7 所示。请正确填写公司信息，后续需提供营业执照作为审核内容。

公司信息

公司名称	请填写公司名称			
公司地址	省 ▼		市 ▼	
员工总数	小于10人	10人-30人	31人-50人	51人-100人
	101人-200人	201人-500人	500人以上	
营业执照编号	请填写营业执照编号			

图 2-7 "公司信息"填写界面

（3）"品类与店铺信息"主要有主要品类、Listing 总数和其他经营平台等内容，可备注公司优势，如图 2-8 所示。

品类与店铺信息

主要品类	女装	3C	化妆/护肤品	母婴产品
	家居饰品	男装	饰品	其他
Listing总数	50以下	50-100	101-200	201-1000
	1001-5000	5001-10000	10001-20000	20000以上
其他经营平台	亚马逊	eBay	Wish	Lazada
	速卖通	淘宝/天猫	京东	蘑菇街/美丽说
	拼多多	唯品会	其他	无其他平台
备注	如您的店铺优势等			

图 2-8 "品类与店铺信息"填写界面

提交申请后，Shopee 审核团队会通过电话联系卖家，如果电话无法接通，会用邮件联系卖家，请提交申请的卖家务必保持联系方式畅通。

（三）审核通过

（1）审核通过后卖家会收到 Shopee "Welcome onboard!"邮件，邮件中附有注册流程和邀请码，请按邮件信息点击邮件中"这里"按钮，如图 2-9 所示。

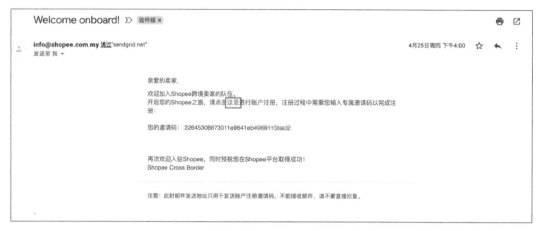

图 2-9　"Welcome onboard!"邮件界面

（2）然后填写用户注册信息，接收验证码电话号码为入驻申请时填写的号码，阅读服务条款后，勾选"我已阅读并同意服务条款"后，点击"下一步"，如图 2-10 所示。

图 2-10　填写用户注册信息界面

（3）设置用户名和密码，并输入邮件中收到的邀请验证码，请在"电邮"一栏处输入一个可以接收邮件的电子邮箱地址，如图 2-11 所示。需要注意以下问题。

①用户名设置之后无法修改，每个市场会有默认后缀，如马来西亚市场为 xxx.my。

②该电邮为该店铺唯一对应邮箱，可用于接收验证码、找回密码等操作，设置成功后不可修改。如有特殊情况需要修改，请联系 Shopee 客户经理。

图 2-11 设置用户名和密码界面

(4)输入电邮验证码,点击提交,即完成店铺注册设置,如图 2-12 所示。

图 2-12 完成店铺注册设置界面

(5)注册完成后,点击"马上登录",即可进入 Shopee 卖家中心,如图 2-13 所示。

图 2-13 完成注册界面

（6）输入刚刚设置好的用户名和密码即可以登录"Shopee Seller Center"（卖家中心）后台，如图 2-14 所示。

图 2-14　登录 Shopee 卖家中心

（7）登录后进入 Shopee 卖家中心，如图 2-15 所示。

图 2-15　进入 Shopee 卖家中心

至此卖家店铺申请注册和设置成功，可以开始后台设置。

📍 本章小结

本章主要介绍了 Shopee 平台开店政策和开店流程，解答了 Shopee 开店过程中的常见问题。

本章习题

📄 第二章习题

📄 Shopee 常见问题

第三章

卖家中心介绍

【学习要求】 了解 Shopee 平台卖家中心功能,掌握卖家中心各项功能的设置。

【学习重点和难点】 掌握新店铺设置和管理的方法。

卖家可以在 Shopee 卖家中心完成店铺内订单管理、产品管理、活动设置、财务管理和店铺管理。其中,店铺管理是新卖家在学习 Shopee 其他功能之前需要首先学习的内容,在店铺管理中卖家需掌握店铺介绍设置、物流和地址设置、产品评价查看、我的表现和计分、卖场设定、隐私设置、聊天设置、通知设置和账户设置等内容。

第一节 卖家中心登录网址

完成 Shopee 账户注册的卖家,可以使用注册的账户登录各个市场的卖家中心。登录卖家中心有两种方式,一是通过卖家中心登录入口,二是通过各市场买家端进行登录。

店铺管理与设置

一、通过卖家中心登录

Shopee 卖家中心登录网址如下。

新加坡市场:https://seller.shopee.sg/。

马来西亚市场:https://seller.shopee.com.my/。

印度尼西亚市场:https://seller.shopee.co.id/。

泰国市场:https://seller.shopee.co.th/。

菲律宾市场:https://seller.shopee.ph/。

越南市场:https://banhang.shopee.vn/。

打开需要登录的市场所对应的卖家中心后台网址,输入正确的账户和密码,点击"Log In"(登录)按钮,便可以登录到相应市场卖家中心后台,如图 3-1 所示。

图 3-1　从卖家中心登录 Shopee 账户

二、通过买家端网址登录

Shopee 买家端登录网址如下。

新加坡市场：https：//shopee.sg/。

马来西亚市场：https：//shopee.com.my/。

印度尼西亚市场：https：//shopee.co.id/。

泰国市场：https：//shopee.co.th/。

菲律宾市场：https：//shopee.ph/。

越南市场：https：//shopee.vn/。

打开相应站点的买家端网址，点击界面右上角"Login"（登录）按钮，输入该站点店铺正确的账户名及密码，点击登录后也可以登录该站点卖家中心，如图 3-2 所示。

图 3-2　从买家端登录 Shopee 账户

使用 Shopee APP 也可以登录相应市场的卖家中心，如图 3-3 所示。

图 3-3　使用 Shopee APP 登录

Shopee 每个市场后台拥有独立的登录网址和 APP 端下载地址,iOS 系统的手机用户前往 APP Store 搜索关键字"Shopee"下载各个站点应用即可,Android 系统的手机用户请前往 http://Shopee.cn 官方网址下载安装包。

第二节　Shopee 卖家中心介绍

一、Shopee 卖家中心首页

通过 Shopee 卖家中心,卖家可以上传和编辑产品、设置店铺物流、查看店铺订单、操作发货、管理店铺收入、查看店铺表现等。

(一) Shopee 卖家中心首页介绍

Shopee 卖家中心首页如图 3-4 所示。

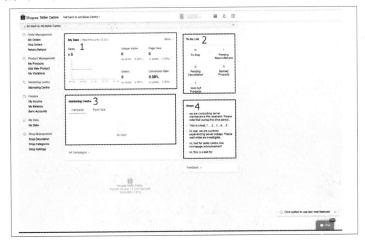

图 3-4　Shopee 卖家中心首页

卖家可以通过卖家中心首页"My Data"(我的数据中心)、"To Do List"(代办事宜)、"Marketing Centre"(我的行销活动)和"News"(最新通知)四大板块快速查看数据、每天待办事宜、活动及最新通知单。

(1)"My Data"用于查看店铺每天销量变化、店铺浏览量、订单成交量及店铺转化率等数据。

(2)"To Do List"展示了店铺最新待办事宜,包括待发货量、待处理取消订单、待处理退货订单、待处理被下架产品和已经售空的产品。

(3)"Marketing Centre"中展示了最近正在进行的主题活动和限时抢购活动。

(4)"News"将会提示 Shopee 向卖家发布的最新通知。

(二)Shopee 卖家中心首页菜单栏介绍

同时可以通过卖家中心首页左边菜单栏快速进入卖家中心各个模块,完成店铺设置,菜单栏卖家中心主要包括以下模块。

(1)"Order Management"(订单管理)可以查看店铺产品销售、订单物流及退货退款订单相关信息。

(2)"Product Management"(产品管理)可以进行产品上新及产品信息管理。

(3)"Marketing Centre"(我的行销活动)可以报名平台促销活动、设置店铺折扣和优惠券,以及设置关键词广告活动等。

(4)"Finance"(财务管理)可以查看订单打款信息。

(5)"Shop Management"(店铺管理)可以查看、修改或设置店铺产品分类,也可以查看和修改关于卖场装饰、语言设置相关的设定。

二、 "Order Management"(订单管理)

打开卖家中心首页,点击"Order Management"—"My Orders",进入"My orders"(我的订单)界面,可以查看有关店铺订单支付、物流及退货退款信息,如图3-5所示。

图3-5 点击进入"我的订单"界面

如图 3-6 所示,从左至右分别为:"All"(所有订单)、"Unpaid"(未付款订单)、"To Ship"(未发货订单)、"Shipping"(已发货订单)、"Completed"(已完成订单)、"Cancellation"(取消订单)、"Return/Refund"(退货/退款订单)等分类栏,点击相应分类可查看该类情况下的所有订单。

图 3-6　订单管理界面

在"Search Order"(搜索订单)框输入订单编号可以查询对应的订单,如图 3-7 所示。

图 3-7　搜索对应订单界面

点击"Check Details"(查看详情)或者订单的任意位置,即可查看相应订单信息,包括物流状态、买家收货地址、订单产品及订单金额等,如图 3-8 所示。

图 3-8　查看订单物流状态

Shopee 订单状态详细介绍,详见本书第七章"订单管理"。

三、 "Product Management"(产品管理)

(1)打开卖家中心首页,点击"Product Management"—"My Products",进入"My Products"(我的产品)界面,如图 3-9 所示。

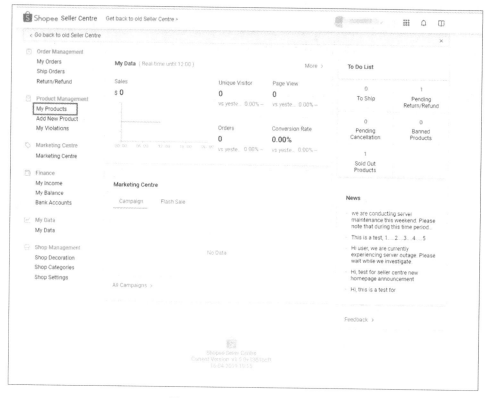

图 3-9　进入"产品管理"界面

（2）在"我的产品"界面中可以查看产品状态或上传产品，如图 3-10 所示。

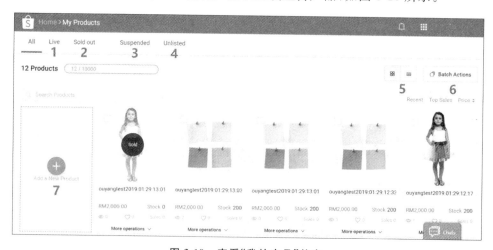

图 3-10　查看"我的产品"状态

①　点击标志 1"Live"（架上产品），可以查看已经通过产品审核并成功上传至店铺的产品。

②　点击标志 2"Sold out"（已售罄），可查看店铺中已售罄的产品。

③　点击标志 3"Suspended"（已禁卖），可查看店铺被禁止出售的产品，点击相应产品还可查看该产品被禁止出售的原因。

④ 点击标志 4"Unlisted"（未刊登），可查看店铺中还未刊登的产品，在未刊登产品全部完成刊登之前，店铺不能增添上传新产品。

⑤ 点击标志 5 旁的方格，可以切换选择"图片浏览"和"列表浏览"两种浏览方式。

⑥ 点击标志 6"Batch Actions"（批次动作），卖家可进行产品批量上传操作。

⑦ 点击标志 7"Add a New Product"（新增产品），卖家可进行产品单个上传操作。

此外，关于 Shopee 产品管理中上架和编辑产品等详细介绍，详见第六章"产品管理"。

四、"Marketing Centre"（我的行销活动）

在卖家中心首页，点击"Marketing Centre"进入 Shopee"我的行销活动"，如图 3-11 所示。

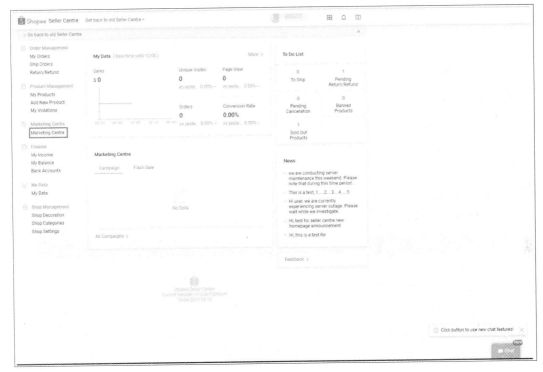

图 3-11　点击进入"我的行销活动"界面

卖家可以在"我的行销活动"中设置店铺各类促销活动，包括"My Ads"（我的广告），"My Discount Promotions"（我的折扣活动），"My Campaigns"（我的促销活动），"Shocking Sales"（Shopee 的限时抢购），"My Vouchers"（我的优惠券），如图3-12所示。

图 3-12 "我的行销活动"界面

（一）"My Ads"（我的广告）

通过购买关键词广告，可以提高产品在 Shopee 平台上的曝光度，点击"Marketing Centre"—"My Ads"—"Keywords Ads"，进入"Keywords Ads"（关键词广告）界面，如图 3-13 所示。

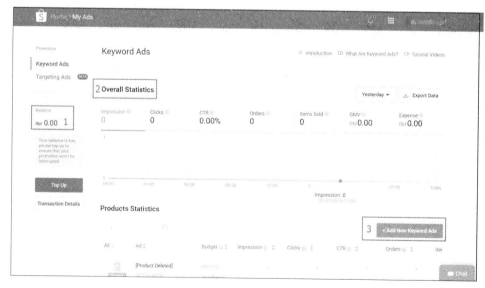

图 3-13 "关键词广告"界面

（1）"Balance"（余额）：目前关键词广告充值账户中的可用余额。

（2）"Overall Statistics"（整体数据）：所购买关键词浏览数、点击数、点击率、订单数等相关数据,可选择需要查看数据的时间段及导出数据。

(3)"＋Add New Keyword Ads"(添加新的关键词广告):为新的产品购买关键词广告,购买成功的产品会出现在下方。

我的关键词广告使用和详细介绍,详见本书第十章"关键词广告"。

(二)"My Discount Promotions"(我的折扣活动)

1.设置店铺折扣活动

卖家可使用"我的折扣活动"设置店铺折扣活动,点击"Marketing Centre"—"My Discount Promotions"进入"我的折扣活动"界面,如图 3-14 所示。

图 3-14 "我的折扣活动"界面

(1)"Upcoming"(即将开始):即将开始的活动。

(2)"Ongoing"(正在进行):正在进行中的活动。

(3)"Expired"(已失效):已经结束的活动。

2.添加新的折扣活动

卖家可点击"＋New Discount Promotion"(添加新的折扣)设置店铺折扣活动,具体操作如图 3-15 所示。

(1)点击右上角"＋ New Discount Promotion"按钮。

图 3-15 "添加新的折扣"促销活动界面

（2）输入活动名称及活动时间。其中活动名称仅作为卖家参考，买家在前端不会看到。活动开始时间最早为设置时间 24 小时之后，最短活动时间为 1 小时，活动时间一旦设置，将无法延长，只能缩短或者删除重设，如图 3-16 所示。

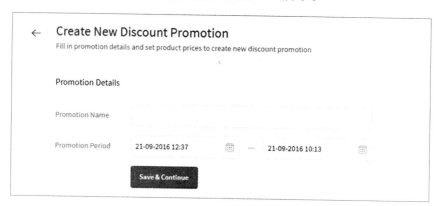

图 3-16　设置折扣活动名称和时间

（3）选择店铺内部分产品参加打折活动，也可以通过勾选"Select All"（全选）选择所有产品，选择完成后点击"Confirm"（确认）保存，如图 3-17 所示。

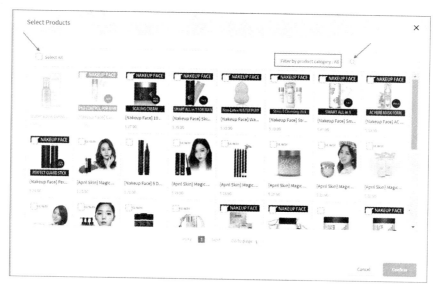

图 3-17　选择需要参加活动的产品

（4）设置折扣和买家购买上限。可选择"Update all products"（更新所有产品）或者"Update selected products"（更新已选择的产品）。需要注意以下几个方面。

①如果不需要设置购买上限，则把 Purchase Limit（购买上限）值设为 0（默认值）。

②同一个活动下的不同产品，可以设置不同的折扣和购买上限。

③单个产品编辑时能直接设置折后价格，系统会自动计算产品折扣比例。

④购买上限因"Variation"（单一变体）不同而不同，如一件产品有 3 个单一变体，如果购买上限设置为 10，那么每个用户可以购买 Variation 1×10 ＋ Variation 2×10 ＋ Variation 3×10 的数量。

（5）确认打折折扣，并选择"Update all products"，如图 3-18所示。

图 3-18　设置产品折扣

（6）信息确认无误后，点选右上角"Submit"（提交），即完成了一次折扣活动的设置，如图 3-19 所示。

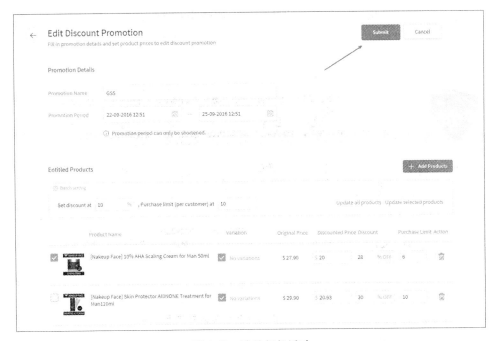

图 3-19　确认折扣活动

（三）"My Campaigns"（我的促销活动）

每个市场后台会经常开放不同的主题活动报名通道，卖家可以通过"我的活动通道"报名符合活动要求的产品，点击"Marketing Centre"—"My Campaigns"进入"我的促销活动"界面，如图 3-20 所示。

图 3-20 "我的促销活动"报名后台

点击"Nominate Now!"(现在报名)可以报名参加平台活动。

(四)"Shocking Sales"(Shopee 的限时抢购)

Shopee 的限时抢购为每个市场每天在不同的时间段内挑选部分受欢迎产品进行限时抢购的活动,对产品质量和卖家发货时效有比较高的要求,符合活动要求的卖家可以通过卖家中心点击"Marketing Centre"—"Shocking Sales"进入限时抢购界面报名,如图 3-21所示。

图 3-21 "Shopee 的限时抢购"活动报名界面

在前台会显示不同时间段的正在进行的限时抢购活动,如图 3-22 所示。

(1)"Upcoming"(即将开始):即将开始的限时抢购活动。

(2)"Ongoing"(正在进行):正在进行中的限时抢购活动。

(3)"Expired"(已失效):已经结束的限时抢购活动。

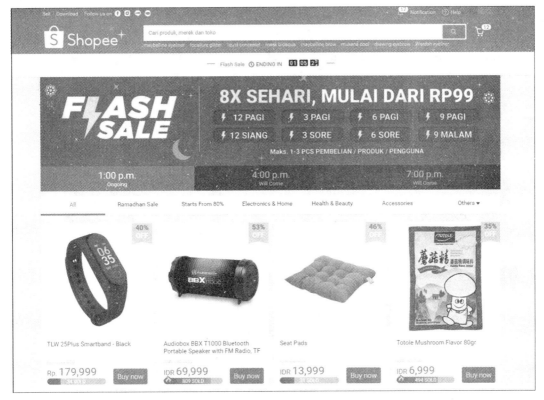

图 3-22 "Shopee 的限时抢购活动"界面

（五）"My Vouchers"（我的优惠券）

卖家可自行设置适用于店铺所有产品的优惠券及仅适用于选定产品的优惠券,并针对不同的优惠券设定相应的使用额度要求、可领取优惠券数量、优惠券有效时间等。在卖家中心点击"Marketing Centre"—"My Vouchers",进入"My Vouchers"（我的优惠券）界面,如图 3-23 所示。

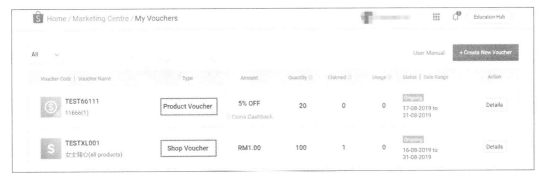

图 3-23 "我的优惠券"界面

1. 新建 Shop Voucher（店铺优惠券）

店铺优惠券即适用于店铺所有产品的优惠券,当买家付款订单符合优惠券满减额度即可使用。

（1）选择"Create New Voucher"—"Shop Voucher"，进入新建店铺优惠券界面，如图 3-24所示。

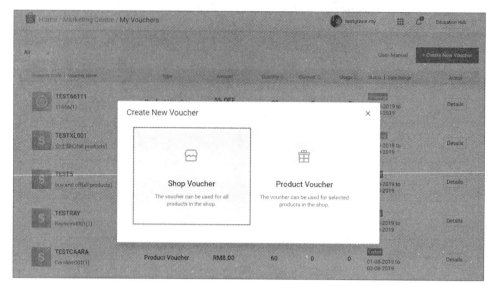

图 3-24　新建店铺优惠券界面

（2）在新建店铺优惠券界面，可设置"Voucher Name"（优惠券名称）、"Voucher Code"（优惠券代码，可将优惠码直接分享给买家使用）、"Reward Type"（奖励种类，有最高满减和最高打折两种模式）、"Discount Type"（折扣种类）、"Minimum Basket Price"（最低满减消费金额）、"Voucher Start/End Date"（开始和结束时间）和"Voucher Quantity"（优惠券总数），如图 3-25 所示。

图 3-25　店铺优惠券设置界面

（3）设置"Voucher Display Page"（优惠券显示界面），可选择在店铺首页中显示，也可选择不显示。在店铺首页显示的优惠券，所有买家都可以领取使用，若不在店铺首页显示优惠券，则需要单独分享给相应的买家使用，如图3-26所示。

图 3-26　生成店铺优惠券界面

（4）点击"Save"保存设置好的优惠券。从前台店铺首页可检查已经设置好的店铺优惠券，如图3-27所示。

图 3-27　店铺优惠券买家端显示界面

2. 新建"Product Voucher"（产品优惠券）

产品优惠券又叫隐藏型优惠券，是仅针对店铺内单个或多个产品，适用于需要给部分产品设置折扣的场景，通常在店铺主题活动当中设置使用。

（1）选择"Create New Voucher"—"Product Voucher"进入产品优惠券设置界面，如图3-28所示。

图 3-28　新建产品优惠券界面

（2）设置"Voucher Name"（优惠券名称）、"Voucher Code"（优惠券代码）、"Reward Type"（优惠类型）、"Discount Type / Amount"（折扣类型/数量）、"Minimum Basket Price"（最低一揽子价格）、"Voucher Start / End Date"（优惠券开始/结束时间）和优惠券数量，设置方法同店铺优惠券。不同点是，产品优惠券不能选择在店铺买家端首页展示，如图 3-29 所示。

图 3-29　产品优惠券设置界面

（3）选择需要打折的产品，并点击"Confirm"确认可以使用该优惠券的产品，如图 3-30 所示。

图 3-30　选择产品界面

(4)点击"Save"保存,生成产品优惠券,如图 3-31 所示。

图 3-31　生成产品优惠券界面

3．编辑现有优惠券

经常查看优惠券使用情况,根据优惠券认领情况调整满减额度,有利于提高店铺转化率,同时可通过点击"Details"(详情)编辑现有优惠券,店铺优惠券管理界面如图 3-32 所示。

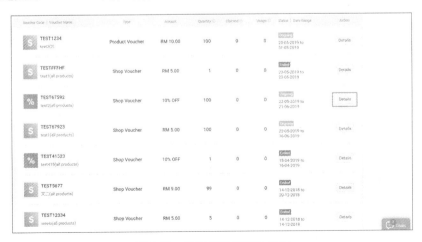

图 3-32　店铺优惠券管理界面

进入需要修改的优惠券界面后点击"Edit"（编辑），可以进入编辑界面，修改方法和新建优惠券相同，如图 3-33 所示。

图 3-33　店铺优惠券修改界面

同时还可以通过点击"Stop"来提前结束一个优惠券的使用，如图 3-34 所示。

图 3-34　结束使用店铺优惠券界面

五、Finance（财务管理）

打款
与查账

在卖家中心可以使用"财务管理"模块进行财务管理，卖家可以使用"财务管理"功能管理店铺的订单收入情况，如图 3-35 所示。

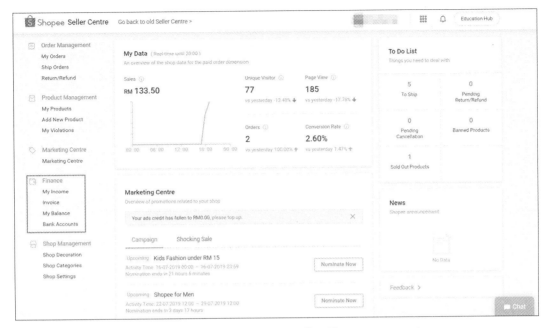

图 3-35　店铺财务管理界面

（一）"My Income"（我的收入）

为了保障卖家的账户安全，进入"我的收入"前需要再次验证密码，如图 3-36 所示。卖家会在新店开通两周内收到 Shopee 平台发送的独立钱包密码。

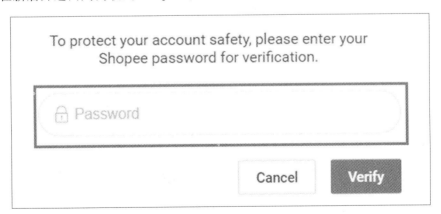

图 3-36　"我的收入"身份验证界面

卖家可在"我的收入"当中查看 Shopee 平台在每个打款周期给卖家的打款情况，如图 3-37所示。

图 3-37 查看打款详情界面

（1）标志 1 为即将打款及已完成的打款金额。

（2）标志 2 从左至右分别为"To Release"（待打款）、"Released"（已打款）、"Self Arrange"（货到付款），可点击切换查看相应分类的订单及对应的打款金额等信息，并且点击需要查看订单的任意位置即可进入订单详情界面，可查看详细的订单信息。

（3）点击 3 中的下载图标，可以导出对应时间段的打款明细。需注意的是，图中"ADD BANK ACCOUNT"（增加银行账户）部分，跨境卖家不需要添加。Shopee 每月打款两次。

（二）My Wallet （我的钱包）

卖家可在"我的钱包"当中绑定卖家用于接收 Shopee 打款的第三方收款账户，目前 Shopee 平台支持卖家绑定 LianLian Pay（连连跨境支付）、PingPong 及 Payoneer（派安盈）等第三方收款工具，如图3-38所示。

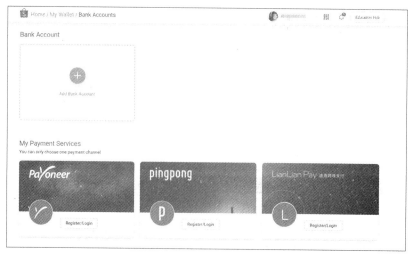

图 3-38 绑定第三方收款工具界面

（1）跨境卖家只需要绑定第三方收款工具即可以，不需要绑定银行卡。

（2）已有 LianLian Pay、PingPong 或 Payoneer 账户的卖家，选择需要绑定的账户类型，点击"Register/Login"按钮之后，关联已有账户即可。

（3）尚未开通 LianLian Pay、PingPong 或 Payoneer 账户的卖家，点击"Register/Login"按钮之后，按照页面提示填写相关信息注册相应账户即可使用。

（4）若账户成功绑定，则在卡片上会显示"Active"（已激活）；未能成功绑定或者未操作绑定的账户会显示"Not Active"（未激活）。

（5）需要注意的是，为了加强卖家账户安全，目前进入"我的钱包"当中需要独立的钱包密码，新卖家通常会在入驻 Shopee 两周之后收到由 Shopee 发出的钱包密码电子邮件，请卖家注意查收电子邮件，若长时间未能获得该密码，需要联系所属客户经理协助处理。

（三）LianLian Pay 介绍

1. 连连跨境支付简介

连连跨境支付是连连 2017 年启动的服务于中国跨境电商卖家的新业务，旨在解决跨境收款领域中跨境回款资金链路长、收款成本高等痛点，帮助跨境电商卖家安全高效地收回账款。连连跨境支付业务累计服务中国 50 万出口跨境电商卖家，累计为中国跨境电商卖家节省成本超过 2 亿元。据易观《中国跨境出口电商发展白皮书 2018》显示，连连跨境支付在第三方境外收款市场覆盖率达到 54.24%，行业品牌影响力居业内首位。

2. 如何注册连连跨境支付

（1）如图 3-38 所示，在"My Wallet"内选择 LianLian Pay，然后点击"Register/Login"按钮，即可跳转至连连跨境支付注册界面。

（2）登录官方注册网站 https://global.lianlianpay.com/，具体注册步骤如下。

①点击注册按钮即可开始注册，支持手机号码/电子邮箱注册，如图 3-39 所示。

图 3-39　连连跨境支付注册信息示意

②申请收款账户,如图 3-40 所示。

图 3-40　申请收款账号界面

③入账/提现,如图 3-41 所示。

图 3-41　入账/提现界面

(3)使用微信小程序注册的步骤。

①微信搜索"连连跨境支付",或者关注公众号"连连跨境支付""连连跨境",即可享受移动支付实时服务。

②注册/登录后,可使用连连跨境支付小程序,随时查余额、随时提款、随时享优惠等,汇率变化也可及时掌控,如图 3-42 所示。

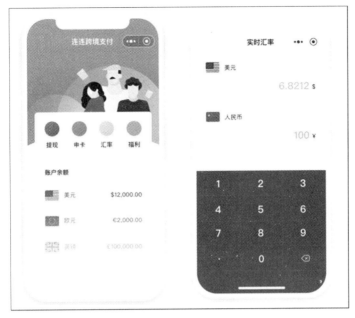

图 3-42 连连跨境支付 APP 界面

(4)注册连连跨境支付需要准备的材料如下。

①中国内地个人用户需要提供手机号码、电子邮箱、身份证正反面彩色影印件、本人手持身份证照片、本人银行借记卡等。

②中国内地企业用户需要提供手机号码、电子邮箱、营业执照(三证合一企业或个体工商户)、法定代表人证照影印件、企业对公银行账户或法定代表人个人银行账户。中国内地仅支持三证合一证件,非三证合一证件无法注册提交,请联系当地市场监督管理局进行变更。

③中国香港个人用户需要提供手机号码、电子邮箱、本人身份证件影印件(支持证件类型有护照影印件/香港永久居民身份证影印件十手持身份证件照片)、本人香港银行储蓄卡或境内离岸账户等。

④中国香港企业用户需要提供手机号码、电子邮箱、企业注册证书影印件、企业商业登记证影印件公司董事的有效身份影印件等。

以上证件要求清晰可见,支持数码拍照,影印件大小在 5MB 以内。

3. 连连跨境支付收费标准

(1)账户服务:注册连连跨境支付账户、开户、收款都是不收取手续费的。

(2)账户提现:客户的外币账户是在境外当地的银行账户,只要客户的资金来源于真实贸易,即可通过连连跨境支付进行账户提现。

(3)连连跨境支付的三种提现方式如下。

①人民币提现。根据您选择的提现方式,到账时间如下。

a.优享提现:工作日 10:00—16:00 发起,快速到账。

b.快速提现:工作日 16:00—次日 10:00,非工作日期间发起,快速到账。

c.普通提现:工作日 10:00 前发起当天到账,工作日 16:00 之后及非工作日发起为第二个工作日到账,节假日及周末顺延。

②外币提现。根据您选择的提现方式,到账时间如下。

a.优享提现:工作日 10:00—16:00 使用优享提现方式,为当日到账。

b.普通提现:工作日 10:00 前发起当日到账,工作日 16:00 之后及非工作日发起为第二个工作日到账,节假日及周末顺延。

(4)连连跨境支付提现的银行。

①提现至境内人民币对私账户支持所有主流银行及小型农村信用合作社,不排除少部分偏远地区的地方性银行可能会付款不成功,实际以银行到账为准。

②支持提现至境内人民币对公账户的银行:

a.快速提现支持银行有工商银行、中国银行、光大银行、广发银行、平安银行、招商银行、兴业银行、华夏银行、中信银行、民生银行、农业银行、交通银行、浦发银行、上海银行、杭州银行、北京银行、建设银行、邮政储蓄银行(其他银行陆续开通中)等。

b.优享提现、普通提现支持所有主流银行及小型农村信用合作社,不排除少部分偏远地区的地方性银行可能会付款不成功,实际以银行到账为准。

③中国香港用户提现。

支持指定币种提现到您在香港本地银行或境内开户的离岸账户。(5)提现汇率问题

①人民币提现使用的实时汇率是连连跨境支付合作银行提供的实时现汇买入价,可至相关合作银行网站查询。

②指定币种提现使用的实时汇率是由连连跨境支付合作银行提供的实时汇率。

4.连连跨境支付优势

(1)一站式跨境支付解决方案引领者。

①连连跨境支付已累计服务中国 50 万出口跨境电商卖家。

②连连跨境支付历史累计交易额 3.4 万亿元人民币。

③覆盖 60 余个跨境电商站点。

④支持美元、欧元、英磅、日元、加拿大元、澳元、印尼盾、新加坡元、迪拉姆、港币十大收款币种。

(2)实现快速安全跨境收款。

①快速提现:高效的全球资金网络,快速到账。

②汇率无损:锁定中国银行实时汇率,真正的 0 汇损。

③资金安全:银行级别的安全,为资金保驾护航。

(3)VAT(增值税)付款。

①欧洲五国当日达:直缴英、德、法、意、西五国,快速到账。

②无须额外手续费:无须提现,无额外手续费,外币一键即可缴纳。

(4)7×24 快速提款。7×24 小时快速提款,轻松优化资金周转(中国法定节假日除外)。

(5)连连跨境支付安全可信赖。

连连跨境支付联合连连中国境内关联公司,受内外双边监管,持牌经营安全值得信赖,连连跨境支付业务许可证如图 3-43 所示。

图 3-43　连连跨境支付业务许可证

（6）连连跨境支付受境外权威监管机构监管。

目前连连跨境支付已获得 API、MSB 等受境外权威监管机构监管的牌照,具体如下。

①API 牌照

这是由英国金融行为监管局颁发的收付款服务牌照,注册号为 787025。

②MSB 备案

这是由美国金融监管机构金融犯罪执法网络"FinCEN"颁发的数字资产交易业务牌照,注册号为 31000135369400。

③MSO 牌照

这是由中国香港海关总署颁发的在港经营货币兑换服务及汇款服务牌照,注册号为 17-08-02181。

④MTL 牌照

这是由美国华盛顿州政府颁发的资金转移牌照,注册号为 550-MT-110515。

（7）连连跨境支付账户安全保障。

①连连跨境支付自主研发了反洗钱反欺诈双引擎系统,资金损失防范率处行业第一梯队。

a. 实施欺诈防护,每一笔交易均受智能双引擎系统保护;80 毫秒极速响应,90％风险提前预知;资金损失防范率处行业第一梯队。

b. 账户信息变动通知,资金变动均会收到短信及电子邮件通知;当出现异常行为时,账户将被暂时冻结,并有专属客服第一时间与用户联系。

c. 客服 7×24 小时在线响应,账户资金问题 30 秒内及时响应;更有专属客户经理 1 对 1 服务,帮助您拓展境外业务。

d. 数据安全保护,刷新行业安全新定义。连连跨境支付信息安全管理和信息技术服务水平接轨国际高标准,为保障每一位卖家的数据安全,将机房部署在国内首个向 Uptime Institute(全球公认的数据中心标准组织和第三方认证机构)申请并获得 Tier IV(简称 T4,数据建设中心最高标准)设计认证的数据中心,公司承诺在未经许可的情况下,不会将个人信息泄露给任何第三方公司。

②连连跨境支付拥有 ISO 27001/20000 认证、PCI DSS(第三方支付行业数据安全标准)认证、T4 级数据中心认证及国家信息安全等级保护三级备案证明。

③在个人信息方面,遵循没有客户的许可,绝不会将客户的个人信息泄露给他人的原则。

④在店铺信息方面,拥有 PCI DSS 安全认证,保障店铺网上交易的安全。

⑤在财务信息方面,交易信息都储存在国家级数据安全中心,不会受到任何形式的泄露。

5. 连连跨境支付绑定中的常见问题

(1)在 Shopee 开店需要符合什么条件?

跨境卖家仅支持注册在中国内地或者中国香港的公司,境内电商交易支持注册在中国内地或中国香港的个人或公司。

(2)连连一键开店信息提交后怎么算审核通过?

在连连提交开店申请后,运营人员会将客户信息同步到平台,平台会对客户做电话审核,通过电话审核的客户,会有专门的审核人员联系,帮助其在 Shopee 开店。

（四）PingPong 介绍

1. PingPong 简介

PingPong 是一家专门为中国跨境电商卖家提供跨境收款服务的新一代金融科技公司。PingPong 以跨境金融科技业务为核心,构建了全球合规支付网络,为中国企业提供包括跨境收款业务、境外税务合规及境外增值税缴纳、出口电商报关及阳光退税等全球跨境金融科技服务。

PingPong 团队汇聚了来自世界各地顶尖机构的精英,从产品研发、合规、风控等各个层面为客户的出海之路保驾护航。

PingPong 先后获得了欧洲、美国、中国香港、日本牌照,并和 Shopee 在内的全球 13 大主流平台的 64 个站点达成了合作,能够助力全球跨境电商卖家更好地在全球范围内获得竞争力。

2. 如何注册 PingPong

在"My Wallet"内选择 PingPong 然后点击"Register/Login"按钮,即可跳转至 PingPong 注册界面,如图 3-44 所示。可根据需求选择个人或企业账户,Shopee 平台可对接个人账户或企业账户。PingPong 账户创建成功界面如图 3-44 所示。

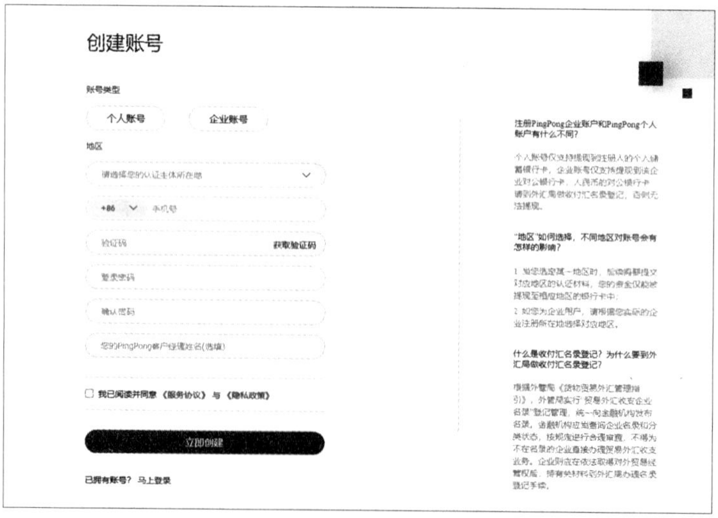

图 3-44　PingPong 账户的创建

图 3-45　PingPong 账户创建成功界面

PingPong 支持从中国内地、中国香港、美国将 PingPong 余额提现至用户的中国内地/中国香港或美国账户。

可以扫描下面的专属注册二维码进行注册,如图 3-46 所示,注册后还可以可获得 3000 美元的优惠券,相关业务也可以联系 PingPong 的客服,电话为 400-996-9666。

图 3-46　PingPong 入驻二维码

3. PingPong 提现收费

Shopee 的资金到 PingPong 无须手续费,从 PingPong 提现至自己的银行卡账户,实行"提现费率 1％封顶,阶梯式计算费率"的原则。

4. PingPong 优势

(1)安全合规,全球高标准合规系统,稳定的合规和风险规避框架,让客户真正收款无忧。

(2)卓越时效,更优的智能算法,资金更快到账,将客户的全球业务推向新高度。

(3)成本更低,节省流程中各节点成本,增益利润,让客户的跨境梦想无后顾之忧。

(4)创新产品,更快的产品迭代速度,更全面的跨境生态产品,为客户资金周转及汇率转换提供保障。

5. PingPong 常见问题

问题 1:Shopee 使用 PingPong 收款,每一笔费用都可以查询到详细情况吗?

回答:登录 PingPong 账户后,在明细查询中可以查看每一笔交易的详细情况。

问题 2:Shopee 每个站点结算使用的是当地币种,PingPong 是按照当地币种进行交易吗?

回答:Shopee 新加坡站结算币种是新加坡元,印度尼西亚站结算币种是印尼盾,其他站点结算币种由 Shopee 自动转换成美元再进行结算。

问题 3:销售款项从 Shopee 入账到 PingPong 后,可以从 PingPong 提现到谁的银行账户?

回答:根据不同的企业/个人提现到其对应的银行账户。

问题 4:从 PingPong 提现到境内人民币银行账户时,汇率是按照中国银行实时汇率结算吗?

回答:是的,在提现界面看到的汇率即中国银行实时汇率,为最终结算汇率。

(五)Payoneer 介绍

1.如何注册 Payoneer

(1)Payoneer 官网注册

如果您还未开通 Payoneer 账户,请登录 Payoneer 官网(http://www.payoneer.com/zh),根据提示提供个人或企业资料、注册地址,设定密码并添加一个提现银行账户即可。个人与公司都可以注册 Payoneer 账户,境外公司资料也都可用于注册。注册完成后系统将自动审核,根据具体情况可能会要求卖家提供身份证明、公司营业执照等资料的彩色影印件,卖家需留意查收注册电子邮箱里的通知邮件。

(2)Shopee 后台注册

如图 3-46 所示,在"My Wallet"内选择 Payoneer,然后点击"Register/Login"按钮,即可跳转至 Payoneer 注册界面。

(3)Shopee 绑定 Payoneer 账户

如果你已经有 Payoneer 账户,可以在登录 Shopee 店铺后,进入卖家中心绑定你的 Payoneer 账户。在 Shopee 平台使用 Payoneer 个人或公司账户都能收款。

2.Payoneer 的收费标准

Payoneer 注册免费,默认的注册账户为无卡账户。账户注册成功后,绑定 Shopee 的任何站点也是免费的。

从 Payoneer 账户提款到银行时会收取一笔提款费,目前费率 1.2% 封顶,系统会根据用户在 Payoneer 的累计入账情况自动调整费率,采用阶梯费率,越用越省。

新用户的每笔最低提款额度是 50 美元或等额外币,最高提款额度是 20 万美元或等额外币(每月总额 20 万美元或等额外币),当升级为 VIP 客户后提款上限会自动提高,如果需要提前调整,可以联系客服进行操作。

最新的 Payoneer 费率结构,可以进入 http://www.payoneer.com/zh 查看。

3.Payoneer 的三大优势和四大产品板块

(1)Payoneer 的三大优势

Payoneer 就是常说的 P 卡,2005 年成立于美国纽约,是全球首家专注跨境资金下发的支付企业,为跨境电商平台提供全球资金下发服务。作为 Shopee 官方推荐的收款服务商之一,Payoneer能帮助卖家从Shopee各站点收款,并合规提款到银行账户,还可通过Payoneer对资金进行一站式管理。

Payoneer的优势主要有三方面:老牌支付公司,以安全合规著称;业务遍布全球,可帮助用户串联全球资源;创新龙头,产品生态丰富。

(2)Payoneer四大产品板块

Payoneer以支付为核心,围绕跨境电商生态,研发出四大产品板块,解决卖家发展痛点。

①轻松收:7大币种全球快捷收款,B2B全球外贸e户通,全球Payoneer用户间免费转账。

②随心付:余额直付全球服务商及1688供应商;币种在线切换,管理多种货币;原币种在线直缴7国VAT;MasterCard(万事通卡)预付卡通行全球。

③安心盈:对接ERP系统,高效财务对账;开通店铺管家管理账户和财务对账;举行线上线下财税、运营、选品等主题专家分享会。

④加速赚:提供橄榄枝计划让全球电商平台免费快速入驻,有Capital Advance运营资金解决方案,推荐全球优秀资源对接。

4. 绑定Shopee收款常见问题

(1)生效时间

当月1号到14号绑定或更改收款账户,会在当月15号生效;当月16号到30号绑定或更改收款账户,会在下月1号生效。请尽量不要在1号和15号当天操作更改收款账户,以免出现系统仍默认付款到之前账户的情况。

(2)客服联系方式

官方400热线:400-841-6666。

微信公众号:Payoneer派安盈。

官方QQ:800184846。

官方在线聊天:https://payoneer-zh.custhelp.com/app/chat/chat_launch。

博客:https://blog.payoneer.com/zh-hans/。

在线发送信息:https://payoneer-zh.custhelp.com/app/ask/l_id/7。

第三节　店铺管理

在卖家中心中"Shop Management"(店铺管理)分为两大模块,"Shop Categories"(店铺分类)和"Shop Settings"(店铺设定),如图3-47所示。卖家可以在店铺管理中完成店铺基础设置,包括产品分类、店铺介绍、物流设置、产品评价管理、卖场设定等,帮助卖家更好地管理店铺。

图 3-47 "店铺管理"界面

一、"Shop Categories"（店铺分类）

在"店铺分类"当中，卖家可根据店铺产品的类别，自行设定店铺产品分类。在"My Shop Categories"（我的店铺分类）界面中分为"Active Categories"（生效分类）和"Inactive Categories"（未生效分类）两部分。其中"生效分类"中的产品，买家可在店铺界面中浏览查看；"未生效分类"中的产品，则不会显示在店铺界面中，如图 3-48 所示。

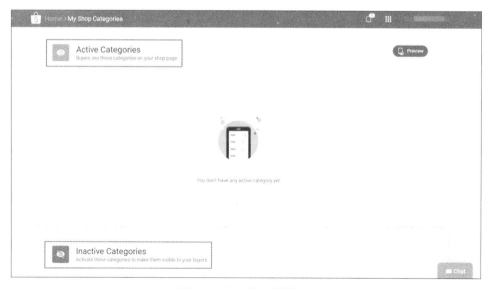

图 3-48 "店铺分类"界面

（一）增加类目

卖家可在"Inactive Categories"未激活的产品分类下添加产品，同时可以对"Inactive Categories"分类进行命名。

进入"Seller Centre"—"Shop Categories"—"Add a new customized category"，新增产品分类。在新增产品分类中可以填写你需要命名的类目名称，如"Hot Sale"，点击"Save"（保存），然后点击"Add Products"（添加产品）新增产品，如图 3-49 所示。

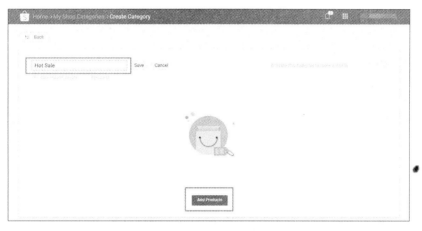

图 3-49　新增产品分类界面

可以根据最近上新或最高销量或价格高低的排序方法（见图 3-50 右上角）帮助卖家快速找到自己想要的产品。然后点击产品右边的"Add"即可添加，最后点击"Save changes"（保存修改），如图 3-51 所示，完成本次的添加，如图 3-52 所示。

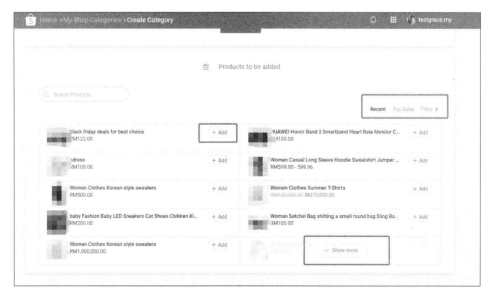

图 3-50　添加产品界面

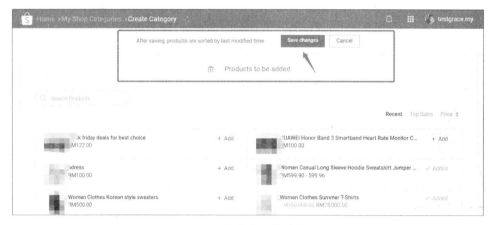

图 3-51　保存产品修改界面

图 3-52　保存成功界面

同时,系统也会提醒卖家,是否要将新生成的类目显示在前台供买家浏览查看。点击"Active now"(现在激活),即可显示在买家端,如图 3-53 所示。

图 3-53　新类目生成显示在买家端的界面

若点击"Cancel",则该类目不会显示在买家端,并会出现在"Inactive Categories"里,如图 3-54 所示。

图 3-54　新类目不显示在买家端的界面

（二）修改/删除类目

（1）卖家可以修改"Active Categories"类目，或删除"Inactive Categories"中的类目，如图 3-55 所示。

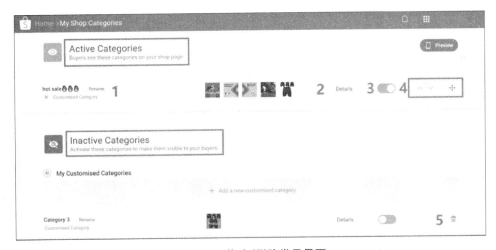

图 3-55　修改/删除类目界面

（2）可以参照图 3-55，按照下面的操作完成相应的修改或删除工作。

①点击标志 1 处"Rename"（重命名）按钮，可以对分类重新命名。

②点击标志 2 处"Details"（详情），可以查看此分类下的产品详情。

③点击标志 3 处，开启或关闭该分类，开启后该类目在买家端对买家可见，切换到关闭按钮后，相应分类会自动归类到"Inactive Categories"未生效类目中。

④点击标志 4 处，可以通过拖动调整分类在买家端的展示顺序。

⑤点击标志 5 处，可以删除对应分类。

二、"Shop Settings"（店铺设定）

（一）"Shop Profile"（店铺介绍）和"Shop Decoration"（店铺装修）

（1）卖家可以在"店铺介绍"界面完成店铺名称、店铺图片、店铺信息简介及宣传视频的设置。进入 Shopee 卖家中心"Shop Settings"—"Shop Decoration"可进行店铺的基础装修。如图 3-56 所示。好的店铺装修将会吸引更多的买家关注店铺，这些买家将成为店铺的忠实粉丝。

（2）可以参照图 3-56，按照下面的操作完成相应的工作。

① 1 处可以设置"Shop Name"（店铺名称），更改产品名称后 30 天内不得再次更改店铺名。

② 2 处可以"Edit View Shop"（编辑店铺头像），上传后系统会剪切为圆形。

③ 3 处可以"Edit Cover Photo"（编辑店铺封面图片），可上传一张规格 1600 像素× 800 像素的图片。

④ 4 处可以设置"Shop Description"（店铺简介），向买家介绍您的店铺。

⑤ 5 处可以设置"Imges and Videos"（店铺图片和视频），可放置 5 张规格 1600 像素× 800 像素的图片，同时卖家还可以上传 YouTube 视频，宣传自己的店铺和产品。

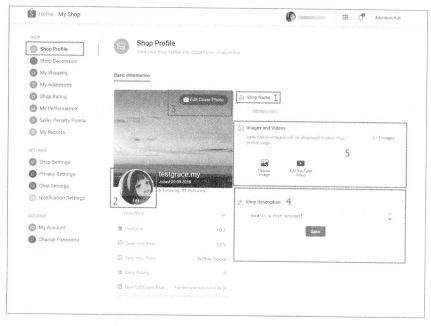

图 3-56 "店铺介绍"和"店铺装修"界面

（3）以上任一操作设置完后，点击下方的"Save"（保存）即可完成设置，如图 3-57、图 3-58 所示。

图 3-57 点击"保存"完成设置

图 3-58 设置成功界面

（二）"My Shipping"（我的物流）

卖家可以在"我的物流"设置店铺物流渠道及店铺产品发货天数。

1. 设置物流渠道

进入 Shopee 卖家中心 "Shop Settings"—"My Shipping"可以设置店铺物流渠道。如图 3-59 所示。需注意以下两点。

（1）系统后台已默认开启 Shopee 官方支援物流"Standard Express"（标准快递）。

（2）卖家若有第三方物流 LWE 或 China Post 账户，也可开启该物流。

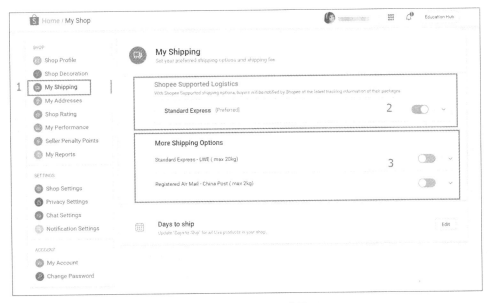

图 3-59 设置物流渠道界面

2. 设置发货天数

进入 Shopee 卖家中心，点击"Seller Center"—"Shop Settings"—"My Shipping"—"Days to ship"可以设置发货天数，如图 3-60、图 3-61、图 3-62 所示。

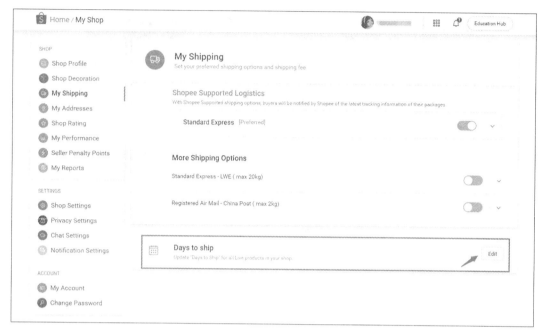

图 3-60　进入发货天数设置界面

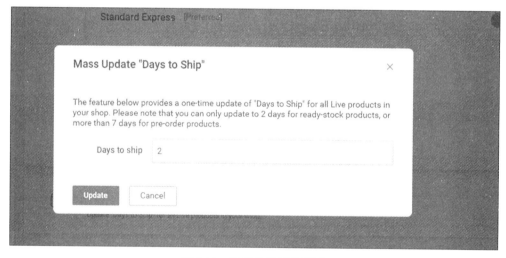

图 3-61　设置发货天数界面

图 3-62　发货天数设置成功界面

（三）"My Addresses"（我的地址）

卖家可以通过"我的地址"添加/更改店铺的退换货地址,供买家退货及平台处理卖家退货时使用。注意,如未及时设置退货地址,当发生异常件时包裹会因为店铺无退货地址而被销毁。点击 Shopee 卖家中心"Shop Settings"—"My Addresses"可以进入"我的地址"界面,如图 3-63 所示。

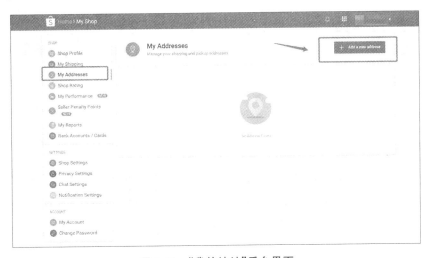

图 3-63　"我的地址"后台界面

1. 在"我的地址"中添加退货地址

如图 3-64 所示,按照下面的操作可以完成添加退货地址的工作。

(1)在"Country/Region"一栏,选择"China Mainland"(中国大陆)。

(2)地址信息填写完成后,将地址设置为"Set as seller return address"(设置为卖家退货地址)。

退货地址设置成功界面如图 3-65 所示。

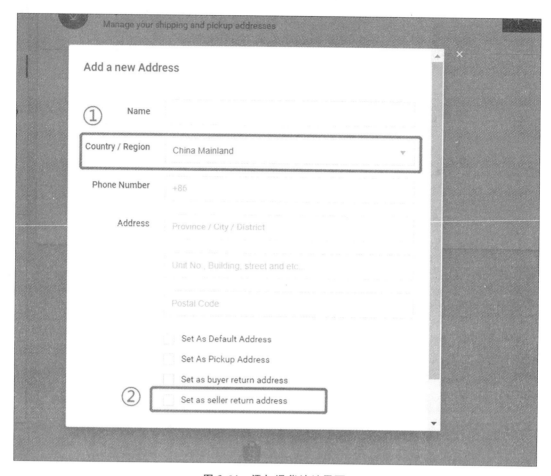

图 3-64　添加退货地址界面

图 3-65　退货地址设置成功界面

2.更改退货地址

在已经设置好的退货地址后点击"Edit"(编辑),可以在原有的地址基础上进行更改然后保存,即可完成地址信息的更改,如图 3-66 所示。

图 3-66　更改退货地址界面

（四）"Shop Rating"（产品评价）

卖家可以在卖家中心"Shop Settings"—"Shop Rating"界面查看在店铺购买过产品的买家对店铺的评分和评价，同时卖家有可以点击"Reply"回评对应买家。

1. 查看评分

进入"Shop Rating"可以查看"All"（所有买家）评价或查看不同级别的买家评价如，"5 Star"（五星评价）即最高评分、"4 Star"（四星评价）即较好的评价，卖家应注意"3 Star"（三星）及以下的评价，并及时查看导致该评价的订单，找出原因及时改正，从而有利于店铺总体评分的提高，如图 3-67 所示。

图 3-67　查看买家评论界面

2. 回评买家

点击"Reply"（回复）可以回评买家给的评分，如图 3-68 所示。

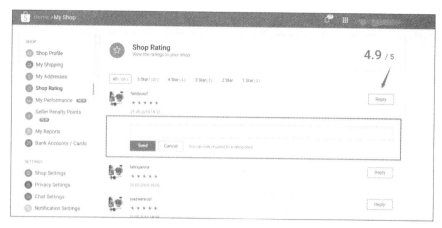

图 3-68　回评买家界面

（五）"My Performance"（我的表现）

1. 查看"我的表现"

卖家可以通过"我的表现"查看店铺在过去 30 天内的订单发货率及完成率、买家满意度、商家规范等表现，进入卖家中心"Shop Settings"—"My Performance"界面查看，如图 3-69所示。

（1）①处"Fulfillment"指的是过去 30 天的订单完成率。

（2）②处"Shipping Fee"指的是过去 30 天的物流时效。

（3）③处"Customer Satisfaction"指的是过去 30 天内的买家满意度。

（4）④处"Listing Violations"指的是过去 30 天内是否有违反上架规则的行为。

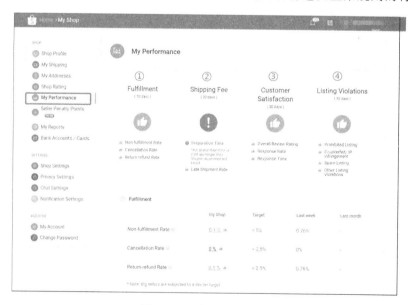

图 3-69　"我的表现"界面

2. 卖家需注意事项

（1）如果店铺某一项目的"My shop"值≥目标值，系统将以红色字显示警告，卖家可以点击对应项目并进入详情界面,导致店铺表现不佳的订单将显示在此详细信息界面中,如图 3-69 所示。

　　(2)如果 0 <"My shop"值<目标值,系统将以绿色字显示,可以点击系统并进入详情界面,导致店铺表现不佳的订单将显示在此详细信息界面中,如图 3-70 所示。

　　(3)如果"My shop"= 0,状态正常,则详情界面无订单信息。

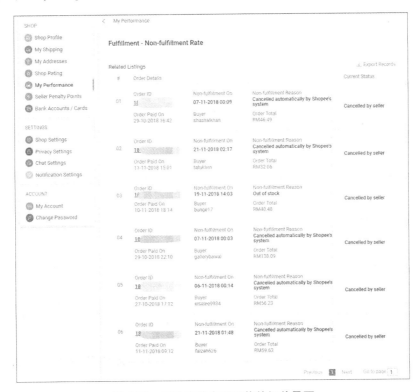

图 3-70　导致店铺表现不佳的订单界面

　　3. 查看订单完成率

　　订单完成率包含"Non-fulfillment Rate"(订单未完成率)、"Cancellation Rate"(订单取消率)、"Return-refund Rate"(退货/退款率),卖家只要低于平台给出的目标值即可,其中优选卖家、商城卖家的要求会更严格,如图 3-71 所示。

图 3-71　订单完成率表现界面

4. 查看物流时效

物流时效，包含“Preparation Time”（准备时间）和“Late Shipment Rate”（逾期出货率），如图 3-72 所示。

Shipping Fee

	My Shop	Target	Last week	Last month
Preparation Time	2.89 days	≤ 2 days	2.63 days	-
Late Shipment Rate	1.27 %	< 10%	0.88%	-

* Note: Big sellers are subjected to a stricter target.

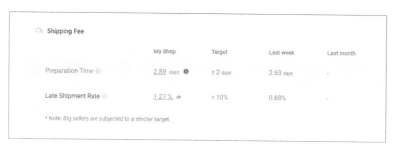

图 3-72　物流时效表现界面

5. 查看买家满意度

买家满意度，包含“Overall Review Rating”（买家综合评价）、“Review Rating”（聊天回应）和“Response Time”（回应速度）三个方面，如图 3-73 所示。

Customer Satisfaction

	My Shop	Target	Last week	Last month
Overall Review Rating	4.88 / 5	≥ 4.6	-	-
Response Rate	95 %	≥ 70%	-	-
Response Time	Within 1 day	≤ 1 day	-	-

* Note: Shopee Mall and Preferred Sellers will be subjected to a stricter target.

图 3-73　买家满意度表现界面

6. 查看违反上架规则

可以查看是否有“Prohibited Listing”（违禁产品）、“Counterfeit / IP infringement”（仿冒或侵权知识产品）、“Spam Listing”（广告/垃圾产品）、“Pre-order Listing”（预购产品）和“Other Listing Violations”（违反其他上架规则的行为），如图 3-74 所示。

Listing Violations

	My Shop	Target	Last week	Last month
Severe Listing Violations				
Prohibited Listing	0	0	0	0
Counterfeit/ IP infringement	0	0	0	0
Spam Listing	0	0	0	0
Pre-order Listings %	0 %	< 10%	-	-
The amount of the days that pre-order listing % >= target	0	< 6	-	-
Other Listing Violations	0	0	0	0

图 3-74　违反上架规则表现界面

（六）"Seller Penalty Points"（卖家惩罚计分）

　　卖家可以在"Seller Penalty Points"（卖家惩罚计分）里查看店铺惩罚计分分值及对应计分的规则。点击卖家中心"Shop Settings"—"Seller Penalty Points"可以查看当季的计分情况，如图 3-75 所示。

图 3-75　卖家惩罚计分情况界面

1. 计分状态

　　计分状态分三种：0～3 分为健康状态，3～6 分为不健康状态，6 分以上为危急状态。相应分数对应的惩罚也不同，具体以网站上最新政策为准。

　　优选卖家在惩罚分数达到 3 分之后，会被取消优选卖家标志。

2. 查看历史计分

　　点击"Penalty History"（历史罚分）可以查看历史惩罚计分，如图 3-76 所示。

图 3-76　历史惩罚计分记录界面

3. 了解计分规则

商户可以在"Definitions and Rules"模块学习了解平台的"计分规则",点击任意一个规则,如"Details of Seller Penalty Points"即可跳转至学习"卖家惩罚计分详情规则"界面,如图 3-77、图 3-78 所示。

图 3-77 惩罚计分规则界面

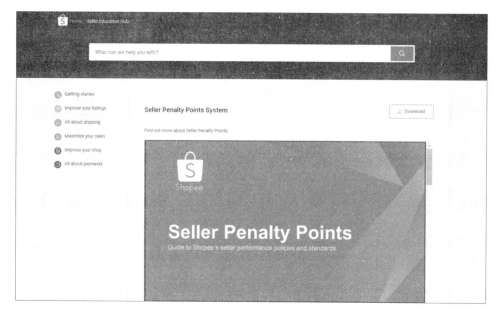

图 3-78 卖家惩罚计分规则学习界面

4. 计分原因

卖家可以通过"Penalty Points"(惩罚分数)模块查看店铺在不同时段被扣分的原因、类型和分值,如图 3-79 所示。

图 3-79 查看计分原因界面

（七）"Shop Setting"（卖场设定）

1. 议价功能

"Allow Negotiations"（议价功能）是买家可以通过聊聊主动和卖家讨论产品成交价的一个功能，卖家可以在后台设置是否接受买家出价。

（1）开启议价功能

卖家中心商户议价功能默认是关闭的，卖家可点击"Shop Settings"—"Allow Negotiations"右侧按钮开启议价功能，如图 3-80、图 3-81 所示。

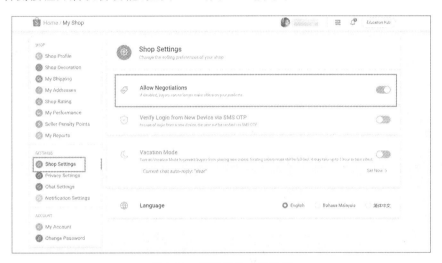

图 3-80　开启议价功能界面

图 3-81　议价功能开启成功界面

（2）关闭议价功能

若商户想关闭议价功能，直接点击"Allow Negotiations"关闭即可，如图 3-82 所示。

图 3-82　关闭议价功能界面

2. 假期模式

"Vacation Mode"（假期模式）是为卖家的店铺设置的一种店铺状态，卖家可以选择开启或关闭休假模式，假期模式开启后店铺所有产品将变成无法进行销售的状态，开启假期模式的店铺首页将如图 3-80 所示。

注意：假期模式生效需要 1 个小时，一旦开启休假模式需在 24 小时后才能关闭。

（1）开启假期模式

进入卖家中心"Shop Settings"—"Vacation Mode"界面即可通过点击"Vacation Mode"右侧按钮开启假期模式，如图3-83、图3-84所示。

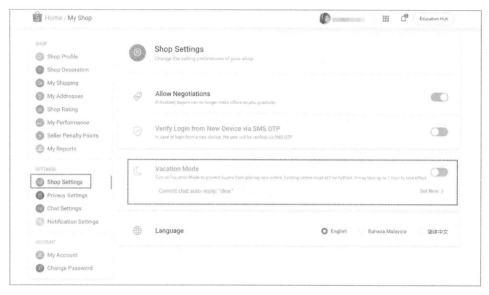

图 3-83　开启假期模式界面

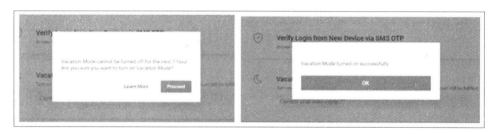

图 3-84　假期模式开启成功界面

（2）关闭假期模式

卖家可以通过点击"Proceed"（继续营业）关闭假期模式，如图3-85所示。

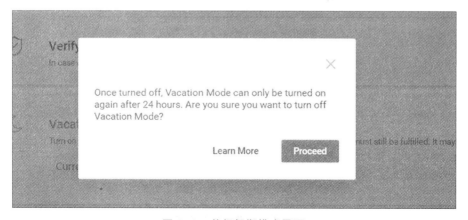

图 3-85　关闭假期模式界面

注意:完全关闭假期模式需要 1 个小时。一旦关闭后,须在 24 小时后才能再开启假期模式。

3．语言设置

卖家可以在账户设定中设置卖家中心显示语言,点击"Shop Settings"—"Chat Settings"—"Language"可以进入语言设置界面并实现卖家中心显示语言的切换,如图 3-86 所示,卖家可选择使用英文、简体中文或者市场当地语言。

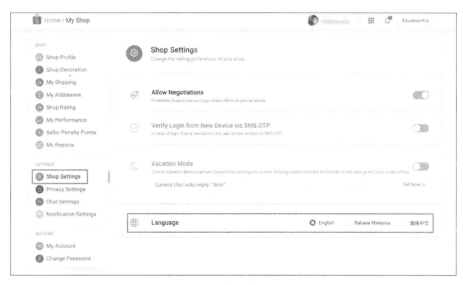

图 3-86　后台语言设置界面

（八）"Privacy Settings"（隐私设置）

隐私设置功能为 Shopee 提供给卖家对恶意骚扰店铺的用户进行封锁的功能,卖家可以在卖家中心"Shop Settings"—"Privacy Settings"进入隐私设置界面,在该界面可以封锁、查看或解除被封锁的用户,如图 3-87 所示。

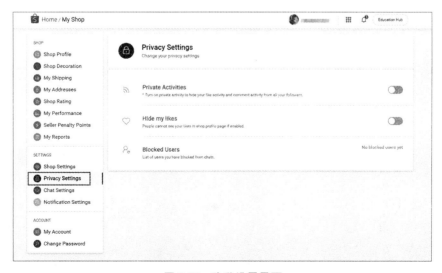

图 3-87　隐私设置界面

1. 用户封锁

在聊聊对话框点击需要封锁的用户姓名,然后点击"Block this user",即可"封锁该用户",被封锁的用户会出现在"Blocked Users"(被封锁用户)里面,如图3-88所示。

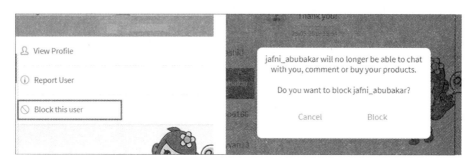

图3-88 封锁用户二次确认

用户封锁功能主要针对部分存在恶意下单或者恶意差评等行为的买家,封锁买家之后,该买家将不能在店铺中下单购买产品,也不能通过聊聊与卖家沟通等。

2. 查看封锁的名单

卖家可以在"Blockes Users"里查看封锁成功的用户名单,如图3-89所示。

图3-89 封锁成功用户名单界面

3. 解除封锁

卖家可以在"Blocked Users"里找到需要解除封锁的用户名然后点击"Unblock"即可解除封锁。

(九)"Chat Settings"(聊天设置)

1. 设置自动聊天回复

聊聊功能为Shopee为买卖双方提供的及时聊天工具,卖家可以通过进入卖家中心"Shop Settings"—"Chat Setting"—"Send auto-reply in chat"进入聊天设置界面,设置店铺聊聊自动回复,如图3-90所示。

图 3-90　聊聊自动回复设置界面

（十）"Notification Setting"（通知设置）

Shopee 平台会通过电子邮箱或卖家中心给商户发送平台政策，店铺信息等通知。卖家可以通过进行卖家中心"Shop Settings"—"Chat Settings"—"Notification Settings"进入通知设置。平台通知主要分为"Email Notifications"（邮件推送）和"Push Notifications"（后台通知），如图 3-91 所示。

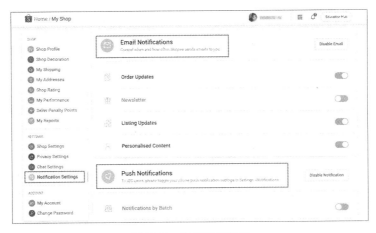

图 3-91　通知设置界面

1. 邮件推送

卖家可以"Email Notifications"页面选择开启"Order Updates"（订单更新通知）、"Listing Updates"（产品更新通知）的右侧按钮，开启成功后该部分通知信息将会推送到注册店铺的电子邮箱内。

2. 后台推送

卖家下载 Shopee 手机 APP 之后，可以开启后台相关信息推送，开启成功后 Shopee 将会推送该类通知至卖家中心，如图 3-92 所示。

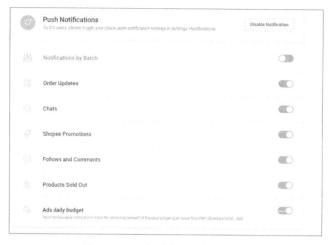

图 3-92　开启后台信息推送界面

（十一）"Change Password"（更改密码）

同时还可以通过账户设定更改店铺登录密码，点击"Shop Settings"—"Change Password"即可进入更改密码界面，如图 3-93 所示。

图 3-93　更改密码设置界面

📍 本章小结

本章介绍了 Shopee 卖家中心功能的使用方法和店铺设置，主要内容为卖家中心各个功能模块介绍、新店铺功能设定。

本章习题

　第三章习题

第四章

Shopee 平台政策

【学习要求】 了解 Shopee 平台对禁止和限制产品的政策规定。

【学习重点和难点】 掌握跨境运营的政策要求。

Shopee 平台政策是 Shopee 平台和买卖双方权益的有力保障,通过了解并学习该政策,可以让卖家在 Shopee 的开店和出单过程中无后顾之忧。本章中的平台政策分为禁止和限制的产品、退货和退款政策、商店升级政策和跨境运营政策。

第一节 禁止和限制的产品

卖方将产品刊登于销售平台之前,有责任确保该产品符合所有法律规定,且依照 Shopee 允许刊登的条款和政策进行销售。针对不允许在 Shopee 销售的禁止和限制产品,Shopee 提供如下例示(非列举)的准则。Shopee 还将不定期在必要时更新此准则,卖方可以定期造访相关页面以了解相关更新。

平台
政策介绍

一、禁止和限制产品清单

此清单将不时更新,更多及时信息详见 Shopee 平台上公布的禁运清单、物流指引手册等。

(一)仿真枪、军警用品、危险武器类

(1)枪支、弹药、军火及仿制品。

(2)可致使他人暂时失去反抗能力,对他人身体造成重大伤害的管制器具。

(3)枪支、弹药、军火的相关器材、配件、附属产品,以及仿制品的衍生工艺品等。

(4)管制类刀具、弓弩配件及甩棍、飞镖、斧头、吹箭、有放血槽的刀具等可能用于危害他人人身安全的管制器具,用于人身防卫的电击器。

(5)可能对人体造成伤害的喷雾器、喷液器等防身设备、器材、设施。

(6)警用、军用制服、标志、设备及制品。

(7)带有宗教、种族歧视、反宗教信仰的相关产品或信息。

(二)易燃易爆物品、有毒化学品、毒品类

(1)易燃、易爆物品。

(2)剧毒化学品。

（3）毒品、制毒原料、制毒化学品及致瘾性药物。

（4）烟花爆竹。

（5）国家名录中禁止出售的危险化学品。

（6）毒品吸食工具及配件。

（7）介绍制作易燃易爆品方法的相关教程、书籍。

（三）反动等破坏性信息类

（1）含有反动、破坏国家统一、破坏主权及领土完整、破坏社会稳定，涉及国家机密、扰乱社会秩序，宣扬邪教迷信，宣扬宗教、种族歧视等信息，或法律法规禁止出版发行的书籍、音像制品、视频、文件资料。

（2）不适宜在境内发行的涉政书刊及收藏性的涉密书籍、音像制品、视频、文件资料。

（3）国家禁止的集邮票品及未经邮政行业管理部门批准制作的集邮品，以及1949年之后发行的包含"中华民国"字样的邮品。

（四）色情低俗、催情用品类

（1）含有色情淫秽内容的音像制品及视频，色情陪聊服务，成人网站论坛的账户及邀请码。

（2）可致使他人暂时失去反抗能力、意识模糊的口服或外用的催情类产品及人造处女膜；情趣用品中"三唑仑""苍蝇粉""苍蝇水"等。

（3）用于传播色情信息的软件及图片，含有情色、暴力、低俗内容的音像制品，原味内衣及相关产品。

（4）含有情色、暴力、低俗内容的动漫、读物、游戏和图片。

（5）网络低俗产物。

（五）涉及人身安全、隐私类

（1）用于监听、窃取隐私或机密的软件及设备。

（2）用于非法摄像、录音、取证等用途的设备。

（3）身份证及身份证验证、阅读设备。

（4）盗取或破解账户密码的软件、工具、教程及产物。

（5）个人隐私信息及企业内部数据，提供个人手机定位、电话清单查询、银行账户查询等服务。

（6）出售、转让、回收，包括已作废或者作为收藏用途的银行卡。

（7）汽车安全带扣等具有交通安全隐患的汽车配件类产品。

（六）药品、医疗器械类

（1）精神类、麻醉类、有毒类、放射类、兴奋剂类、计生类药品，非药品添加成分，国家公示已查处、食品药品监督管理部门认定禁止生产、使用的药品。

（2）用于预防、治疗人体疾病的药物、血液制品或医疗器械；未经食品药品监督管理部门批准生产、进口，或未经检验即销售的产品。

（3）注射类美白针剂、溶脂针剂、填充针剂、瘦身针剂等用于人体注射的美容针剂类产品。

（七）非法服务、票证类

(1)伪造变造国家机关或特定机构颁发的文件、证书、公章、防伪标签等,仅限国家机关或特定机构方可提供的服务。

(2)尚可使用或用于报销的票据(及服务),尚可使用的外贸单证及代理报关、清单、商检、单证手续的服务。

(3)未公开发行的国家级正式考试答案。

(4)算命、超度、风水、做法事等封建迷信类服务。

(5)汽车类违规代办服务。

(6)代写论文、代考试类相关服务。

(7)炒作博客人气、炒作网站人气、代投票类产品或信息。

(8)法律咨询、心理咨询、金融咨询、医生在线咨询及相关服务。

(9)股票、债券和其他公开发行的证券。

(10)福利彩票、体育彩票和各类彩票,不具有效性和流通性为收藏目的转让的情况除外。

（八）动植物、动植物器官及动物捕杀工具类

(1)人体器官、遗体。

(2)国家重点保护类动物、濒危动物的活体、内脏、任何肢体、皮毛、标本或其他制成品,已灭绝动物与现有国家二级以上保护动物的化石。

(3)国家保护类植物活体。

(4)国家保护的有益的或者有重要经济、科学研究价值的陆生野生动物的活体、内脏、任何肢体、皮毛、标本或其他制成品。

(5)电力捕鱼器相关设备及配件。

(6)猫狗肉、猫狗皮毛、鱼翅、熊胆及其制品。

（九）涉及盗取等非法所得及非法用途的软件、工具或设备类

(1)走私、盗窃、抢劫等非法所得。

(2)赌博用具、考试作弊工具、汽车跑表器材等非法用途工具。

(3)卫星信号收发装置及软件,用于无线电信号屏蔽的仪器或设备。

(4)撬锁工具、开锁服务及其相关教程、书籍。

(5)一卡多号,有蹭网功能的无线网卡,以及描述信息中有告知会员能用于蹭网的设备。

(6)涉嫌欺诈等非法用途的软件。

(7)可能用于逃避交通管理的产品。

(8)利用电话线路上的直流馈电发光的灯。

(9)各类短信、邮件、旺旺群发设备、软件及服务。

(10)盗版及仿制品。

(11)侵犯他人知识产权和其他合法权益的产品。

(12)用户不具有处分权的产品。

(13)非法传销类产品。

（十）未经允许违反国家行政法规或不适合交易的产品

(1)伪造变造的货币及印制设备。

(2)正在流通的人民币及仿制人民币。

(3)涉嫌违反《中华人民共和国文物保护法》相关规定的文物。

(4)烟草专卖品及烟草专用机械。

(5)未经许可的募捐类产品。

(6)未经许可发布的奥林匹克运动会、世界博览会、亚洲运动会等特许产品。

(6)烟标、烟壳、烟卡、烟盒类产品。

(8)大量流通中的外币及外币兑换服务。

(9)邮局包裹、EMS专递、快递等物流单据凭证及单号。

(10)国家补助或无偿发放的不得私自转让的产品。

(11)军需、国家机关专供、特供等产品。

(12)无线电台(站)。

（十一）虚拟类

(1)未经国家备案的网络游戏、游戏点卡、货币等相关服务类产品。

(2)外挂、私服相关的网游类产品。

(3)官方已停止经营的游戏点卡或平台卡产品。

(4)虚拟抽奖类产品。

(5)时间不可查询的虚拟服务类产品。

(6)网络账户死保账户及其他类型账户。

(7)iTunes账户及用户充值类产品。

(8)自动发货形式的一卡通系列产品及任何充值方式下以面值原价形式出售的一卡通系列产品。

(9)虚拟代刷服务类产品。

(10)不可查询的分期返还话费类产品。

(11)不限时间与流量的、时间不可查询的，以及被称为漏洞卡、集团卡、内部卡、测试卡的上网资费卡或资费套餐及SIM卡。

(12)慢充卡等实际无法在72小时内到账的虚拟产品。

(13)SP业务自消费类产品。

(14)买卖域名、Email地址等。

(15)计算机软件等相关产品,如科研用软件——某银行的操作系统、某网络公司的数据库程序、某导弹发射程序;未经授权的软件——无注册号的磁带或光盘等,共享软件;Beta级或未公布的软件(未经授权的软件);未同设备捆绑出售的OEM软件;解密软件(为破解正版软件密码);带有序列号的,带有"破解""盗版"等字眼的软件;六合彩、算命软件、跑马等可以抽取号码的软件;闪存存储的升级版及压缩版载体。

(16)虚拟服务,如保险服务、契约等。

(17)破网、翻墙软件及 VPN 代理服务。

（十二）其他类

(1)由不具备生产资质的生产商生产的或不符合国家、地方、行业、企业强制性标准的产品。

(2)经权威质检部门或生产商认定、公布或召回的产品，国家明令淘汰或停止销售的产品，过期、失效、变质的产品，以及含有罂粟籽的食品、调味品、护肤品等制成品。

(3)秒杀器及用于提高秒杀成功概率的相关软件等干扰平台正常秩序的软件或服务。

(4)产品本身或外包装上所注明的产品标准、认证标志、成分及含量不符合国家规定的产品。

(5)手机直拨卡与直拨业务，电话回拨卡与回拨业务。

(6)带破解功能的手机卡贴。

(7)禁止出口的产品。

(8)需有国家或政府有关部门授权的，如有线电视、碟形人造卫星天线等。

(9)未经有关部门批准或属于禁止生产、销售及持有的报警器。

(10)终身免服务费(信息费)的寻呼机(含股票机、数字机、中文机)。

(11)其他法律法规严禁交易的产品及本公司认为不适宜在 Shopee 网站进行交易的产品。

除上述所列的禁止和限制产品外，在买方及/或卖方所属的管辖地内禁止出入境的其他产品、非法或受到限制的任何其他产品，或是会被用于鼓励非法或受到限制活动的产品，均属于禁止和限制产品。需特殊经营许可证的产品，卖方应提前向 Shopee 提供相关证明文件，同时对买家购买资质的审核由卖方承担，Shopee 对此不负任何责任和义务。

二、违反"禁止和限制产品政策"的处罚措施

卖方如果违反"禁止和限制产品政策"则可能遭受如下一种或几种处罚，包括但不限于：①删除刊登产品，②限制账户权限，③中止及终止账户，④冻结账户资金，⑤法律行动。

第二节　退货和退款政策

一、申请退货/退款

买方可在 Shopee 履约保证期到期前申请退还购买产品及/或退款。

"Shopee 履约保证"是 Shopee 所提供的一项服务，可按使用者要求协助其处理在交易过程中可能产生的冲突。在使用 Shopee 履约保证之前、期间或之后，使用者间可以通过友好协商解决纠纷，或寻求当地相关主管机关的协助解决任何纠纷。

二、退款条件

买方同意只有在下列情况下才能依据"Shopee 履约保证"或本退款与退货政策申请退款。

（1）买方未收到产品。

（2）产品有瑕疵及/或在运送过程中受损。

（3）卖方寄送未符合约定规格之产品（如错误的尺寸、颜色等）给买方。

（4）买方收到的产品实质上与卖方所刊登的产品描述不符。

（5）根据与卖方私下达成之协议，此时卖方必须向 Shopee 发送其就该协议的确认信息。

买方申请退款必须经由 Shopee 平台提交。

Shopee 将逐案审核买方的各项申请，并根据上述条件及本服务条款，全权酌情决定是否通过买方的申请。

三、卖方权利

当 Shopee 收到买方的退货及/或退款申请时，Shopee 将以书面方式通知卖方。卖方应按照 Shopee 在书面通知中所要求的步骤答复买方的申请。卖方必须在书面通知规定的时间范围内（下称"规定期间"）给予答复。若 Shopee 未在规定期间内收到卖方的消息，则 Shopee 推定卖方对买方的申请无答复，并将继续评估买方的申请，而不另外通知卖方。

Shopee 将逐案审核卖方的各项答复，并在考虑卖方所述的状况后，单方全权决定是否通过买方的申请。

四、退货条件

买方应确保退回给卖方的产品必须保持买方收货时的状态，包括但不限于任何附随于产品送达的物品，如配件、赠品、保证书、原厂包装、附随文件等，若买方没有对产品进行必要检查，或其他可归责买家的原因致产品或包装发生耗损，将影响买家退货的权益。建议买方在收到货品时立即拍摄一张产品相片。

五、产品退货运输费责任

（1）对于卖方无法预知的错误（如将损坏、错误的产品送到买家处），卖家将承担买家退货的运输费。

（2）对于买家改变主意的情形，买家应在卖家同意退货的情况下退货，买家承担运费。

（3）当买方与卖方对于运输费的承担出现争议时，Shopee 将全权决定承担退货运费的一方。

六、退回产品的退款

买方必须等到卖方或 Shopee 确认已收到退回产品符合退货条件且确认产品状况未有损毁的信息后才能获得退款。如果 Shopee 未在指定的时间内收到卖方的消息，Shopee 将不需要进一步通知卖方，即可单方面决定是否要将适用的金额退还给买方。有关卖方答复时间限制的详细信息，需要查看相关页面。退款将退至买方所使用的信用卡/借记卡或指定的银行账户。

七、买方与卖方之间的沟通

Shopee 鼓励用户在交易发生问题时互相进行友好协商。由于 Shopee 只是一个供用户进行交易的平台,买方如有任何与所购买产品有关的问题,最好直接联络卖方处理。

第三节　商店升级政策

入驻 Shopee 平台的卖家,满足一定条件后,可将店铺升级为"优选卖家"和"商城卖家"。

店铺规则与绩效

优选卖家,是由 Shopee 根据产品在售卖市场的受欢迎程度和商店的综合评分数据而推荐的。评选为优选卖家后,店铺头像及店铺所有产品均有"Preferred"标志,对有该标志的店铺买家会更加信赖与认可,有利于提高店铺转化率;商城卖家,满足相关资质的品牌卖家还可以申请入驻 Shopee 商城,成为 Shopee 商城卖家。

第四节　跨境运营政策

一、违反上架规则

(一)劣质刊登

1. 产品品类设置错误

(1)规则内容

若卖家将产品设置成了错误的品类,第一次被平台发现,该产品将会被系统下架;若卖家修改后仍为错误品类,该产品将被系统删除并产生相应的惩罚计扣分;若卖家第三次上传该产品仍放置错误品类,该产品将被系统删除,卖家将受到 1 分额外的惩罚计分。

(2)产品品类设置错误处理方式

第一次被平台发现将下架;若再次上传时仍然设置错误,将删除并扣分;第三次上传仍然错误,将删除并产生额外惩罚计分。

(3)举例

卖家 A 将女士短裙放置于男装分类下,该产品被平台暂时下架;卖家调整该女士短裙为女士衬衫分类后再次进行上传,那么平台会将该产品删除,卖家也会被记惩罚计分。

2. 重复刊登产品

(1)规则内容

重复刊登是指将各项信息完全相同,或者重要属性完全相同或高度相似的产品进行多次刊登。刊登的产品之间必须有显著的区别(如图片、标题、价格、属性、描述等),否则将被视为重复刊登的产品。

相同卖家的店铺之间重复刊登的产品和不同卖家之间重复刊登的产品将被平台删除和给予罚分。

(2)处理方式

直接删除并扣分。

（3）举例

常见的重复刊登如下。

①卖家在其不同的店铺刊登相同的产品。

卖家应仅在其一家店铺（而非多家店铺）出售同一件产品。

对于有严重重复刊登行为的店铺，Shopee将保留最初的商店，关闭其余所有店铺。

②将相同的产品刊登在不同的类别下。

例如，将同一款智能手表同时发布在"移动设备和配件"和"手表"类别下，也是重复刊登。卖家应选择与所售产品相关度最高的一个类别进行刊登。

③微调产品信息（如图片、标题、价格、属性、描述等）后重复上传。

【例4-1】

错误做法：将同款产品以不同价格分别刊登，如图4-1所示。

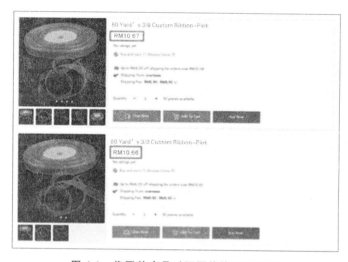

图4-1　将同款产品以不同价格分别刊登

正确做法：同款产品只可以一个价格刊登一次。

如果卖家想进行促销活动，可通过卖家中心的"我的折扣"功能调整至促销价格，如图4-2所示。

图4-2　产品促销示例

【例4-2】

错误做法：将同款产品微调产品名字分别发布，如图4-3所示。

图 4-3　同款产品微调产品名字分别发布

正确做法:同款产品仅可刊登一次。

【例 4-3】

错误做法:将同款产品以不同规格和价格分别发布,如图 4-4 所示。

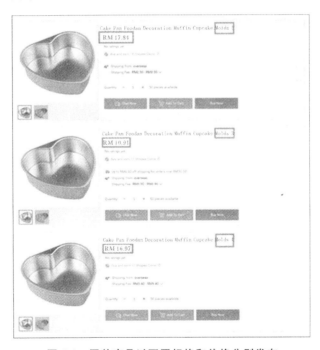

图 4-4　同款产品以不同规格和价格分别发布

正确做法:同款产品的不同属性(如尺寸、颜色等)细微差别的产品应作为一个产品上传。卖家可以通过增加产品属性参数来反映这些分类。

【例 4-4】

错误做法:适用于不同机型的同款 3C 类配件分别发布,如图 4-5 所示。

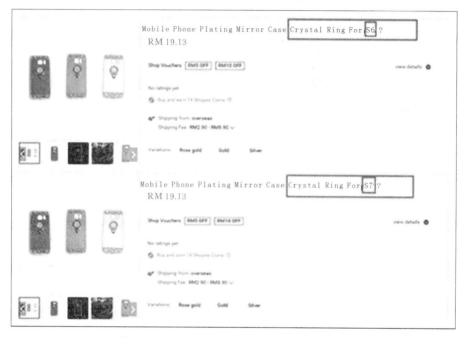

图 4-5　不同机型的同款 3C 类配件分别发布

正确做法:同款产品的不同属性(如尺寸、颜色等)细微差别的产品应作为一个产品上传。卖家可以通过增加产品属性参数来展示这些分类。

当同一款产品有多种型号或款式而无法全部刊登在一起时,卖家可以分开上传多个。但需确保没有重复刊登相同的型号或款式,这种情况下不会被视为重复刊登。

例如,某种产品有 2 种尺寸,15 种颜色,共计 30 个款式,无法全部刊登在一起(一个产品展示最多可以刊登 20 个型号或款式)。因此将这 30 个款式以同一尺寸下分别刊登 15 个颜色,分为 2 个产品展示进行刊登,且 2 个产品展示之间没有重复的型号或款式,这种情况则不会被视做重复刊登。

3. 误导性定价

(1)规则内容

误导性定价是卖家设置过高或者过低的价格以赢取更多的曝光量,但并不会真正卖出陈列产品的行为。

(2)处理方式

直接删除并扣分。

(3)举例。

【例 4-5】

卖家将产品价格设置为远低于(如 0.10 美元)或者远高于产品市场价格(如 9999.00 美元)会被系统删除,如图 4-6 所示。

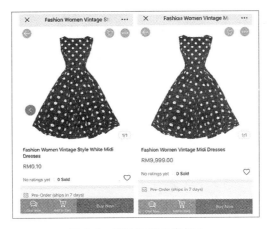

图 4-6　误导性折扣举例 1

【例 4-6】

当销售手机套组的时候,手机(价值 750.00 美元)和手机壳(价值 10.00 美元)。

错误做法:750.00 美元手机,10.00 美元手机壳,如图 4-7 所示。

图 4-7　误导性折扣举例与正确折扣举例

正确做法:手机(750.00 美元),手机+手机壳(760.00 美元)。

4.关键词/品牌、属性滥用

(1)规则内容

产品中包含的信息与所销售的产品不对应或不相关,则会被视为滥用关键词。为了防止卖家滥用关键词误导搜索及影响买家的浏览体验,Shopee 会通知卖家重新编辑产品,重新编辑后若再次质检不符合,则会删除该产品并产生扣分。

(2)处理方式

第一次被通知产品将被下架;若再次上传仍然不合格,将删除并扣分。重复的违规行为可能会导致卖家的账户被冻结。

(3)举例

①关键词/品牌滥用

a.产品标题中包含多个或不相关的品牌名/关键字,如"女士裤子裙子衬衫""兰芝迪奥 SK-Ⅱ保湿霜"。

b.产品标题中出现无关关键词,如"戴尔显示器|不是华硕三星LG电视"。

②属性词滥用

a.在产品名称或产品描述中,重复出现品牌名或出现多个品牌则被称为滥用属性词,如"耐克 耐克 耐克""耐克 彪马 阿迪达斯"。

b.品牌属性不准确,如"中国品牌"。

c.其他属性信息不准确,如属性中写"热销"。

③避免关键词/品牌、属性词滥用的方法

a.按照 Shopee 推荐的产品标题格式:品牌＋产品名称＋型号。如 Innisfree Green Tea Serum(悦诗风吟绿茶乳液)。

b.确保标题和描述中的所有关键字都准确并与所销售的产品相关。不要在产品标题中包含不准确/不相关的关键字。

c.输入准确的产品分类属性,产品分类属性包括品牌名称、型号和保修期等。

d.如果产品没有品牌,请选择"No brand"。

5.图片质量不佳

卖家刊登的产品图片中,产品占图片面积应小于70%。卖家应该保证高质量地刊登产品,给买家带来更好的购物体验。

(二)禁止刊登

1.禁止上架销售的产品

Shopee平台跨境卖家禁售产品包括以下几方面。

(1)各个国家和地区不允许在网上销售的产品。

(2)各个国家和地区仅允许持有当地营业执照的卖家销售的产品。

(3)各个国家和地区海关禁止销售的产品。处理方式为产品将被直接删除并产生相应的惩罚计分。

2.刊登广告或销售无实物产品

(1)规则内容

卖家通过在产品图片中刊登 QQ 号、二维码或任何外部网站的链接,将买家导向 Shopee 平台之外的交易平台的信息,将会被认为触犯了刊登广告或销售无实物产品规则。

(2)处理方式

触犯了刊登广告或销售无实物产品规则的产品将会被直接删除并扣分。

3.更换产品(同一产品 ID 下更换不同产品)

(1)规则内容

Shopee 不允许在同一产品 ID 下更换不同产品,Shopee 会定期清理相应违规产品。若卖家更改现有产品 A 的信息(如名称、描述、图片等)为另一个完全不同的产品 B 的信息,此行为将会把原有关于产品 A 的评分及评价等归算到产品 B,进而会给买家带来关于产品 B 的错误理解与判断。不同的产品指的是:①不同类别的产品,如背包和水瓶,衬衫和裤子;②同一类别的产品的不同型号,如不同品牌的双肩背包若产品为同一类别且型号相同,但颜色有所不同,不会被判定为"不同的产品"。

（2）处理方式

若卖家在同一产品 ID 中更换其他产品信息,该产品将会被直接删除并扣分。

（3）举例

【例 4-7】

错误做法:将玩具的产品界面,更换为高跟鞋的产品信息,如图 4-8 所示。

图4-8　把玩具类产品直接更换为高跟鞋类产品

正确做法:新建产品 B 的产品页面,填入产品 B 的相关信息。

4. 虚假折扣

（1）规则内容

①标准 1

卖家若在促销活动前一段时间内提高促销产品价格将被予以警告,情节严重者涨价产品将被删除。

更换产品
常见问题

例如,假设产品 A 售价为 100.00 元,在活动开始前一段时间,卖家将产品价格调升至 120.00 元,再进行打折销售,卖家将被予以警告,情节严重者涨价产品将被删除。

②标准 2

若卖家设置的产品折扣价格高于产品的原价,该产品将被删除。

例如,假设产品 A 售价为 100.00 元,在活动开始前一段时间,卖家将产品价格调升至 110.00 元,活动开始时若价格为 101.00 元,因产品折扣价大于产品原价（101.00＞100.00）,该产品将会被删除。

（2）处理方式:触犯虚假折扣的产品将会被删除并罚分。

5. 产品图片带有导外内容

（1）规则内容

卖家刊登的产品图片中带有导向外部平台的内容水印。

（2）处理方式

产品将被删除并产生相应的惩罚计分。

（三）侵犯知识产权或假冒产品

1. 规则内容

Shopee 平台上不允许售卖在当地侵犯知识产权或假冒产品 IP 的产品。

2. 处理方式

（1）卖家首次被投诉侵权，Shopee 会将相应侵权产品做下架处理。

（2）若卖家再次被投诉侵权，Shopee 会将被投诉卖家账户做冻结处理。

（3）对于严重违规或累计侵权次数过多的卖家，Shopee 有可能直接关闭被投诉卖家账户。

二、店铺评分规则

（一）订单未完成率

订单未完成率是指在过去 30 天总订单数量中订单取消或退货的百分比。计算公式为

订单未完成率＝未完成订单率＝未完成订单数/（未完成订单数＋净订单数）×100％

注意：Shopee 各市场会针对卖家的迟发货率和订单未完成率进行监控，每周均会计算前 30 天的迟发货率及订单未完成率。

（二）迟发货率

迟发货率是指卖家在过去 30 天内总订单数量中逾期出货的订单数量，该数值需要保持在一定标准以下。计算公式为

迟发货率＝前 30 天迟发货的订单量/前 30 天发货的总订单量×100％

（三）订单取消率

订单取消率是指在过去 30 天总订单数量中订单取消的百分比。卖家取消订单会被计入订单取消率。

（四）退货/退款率

退货/退款率是指买家在过去 30 天内总订单数量中要求退货/退款的订单百分比。

（五）聊聊回复率

聊聊回复率是指卖家收到新聊天信息或出价后在 12 小时内回应占收到的新聊天总数量的百分比。自动回应将不被包括在聊天回应率的计算中。

以上店铺表现的具体情况，卖家均可登录卖家中心，在"商店设定"—"我的表现"当中查看。详见第三章"我的表现"部分。

三、惩罚计分系统

（一）惩罚分数达到不同值对应的惩罚

1. 规则内容

每周一会根据上周违规情况计入新的惩罚分数，并与该季度已有惩罚分数进行累计。每个季度（1、4、7、10 月）的第一个周的周一，会清零上一季度的惩罚分数。

卖家在一个季度内所收到的惩罚分数达到 3、6、9、12、15 分之后，将会受到表 4-1 所示相应计分对应的惩罚；优选卖家在惩罚分数达到 3 分之后，会被取消优选卖家标志。

表 4-1   惩罚分数对应惩罚

累计惩罚分数	3	6	9	12	15
惩罚级别	1级	2级	3级	4级	5级
禁止参加 Shopee 主题活动(28 天)	√	√	√	√	√
无法享有 Shopee 运费或者活动补助(28 天)		√	√	√	√
产品将不会出现在浏览界面中(28 天)		√	√	√	√
产品将不会出现在搜索结果中(28 天)			√	√	√
不允许创建/修改产品(更改库存除外)(28 天)				√	√
冻结账户(28 天)					√

2. 举例

【例 4-8】

卖家 A 在第 3 周得到了 3 分惩罚分数,所以禁止参加 Shopee 主题活动 28 天。

卖家 A 在第 7 周会重新获得参加活动的权利。

惩罚分数在下个季度的第一个周的周一清零。

【例 4-9】

卖家 B 在第 3 周得到了 3 分惩罚分数,所以禁止参加 Shopee 主题活动 28 天。

卖家并没有提升自己的运营表现并在第 5 周得到了第 6 分惩罚分数。

卖家除了不允许参加 Shopee 主题活动外,接下来的 28 天也不会得到运费补贴。

卖家在第 9 周会重新获得参加活动和运费补贴的权利。

惩罚分数会在下个季度第一个周的周一清零。

3. 在惩罚积分系统上保持良好记录的方法

(1)经常更新店铺库存,以避免库存不足的情况发生。

(2)在承诺发货日期内发出所有的订单。

(3)打包订单时仔细些,以避免运输错误或者运输损坏情况的发生。

(4)准确描述自己的产品,以避免歧义从而减少不必要的退款请求。

(5)每周在卖家中心查看"我的表现",如果有超标项目,立刻采取行动以避免惩罚加重。

本章小结

本章主要学习了 Shopee 平台开店政策,主要内容有禁止和限制销售的产品、退货和退款政策、产品升级政策及 Shopee 跨境店铺运营政策,其中跨境店铺运营政策中需重点掌握违反上架规则、店铺评分规则和惩罚计分系统等内容。

本章习题

第四章习题

第五章

物流配送

【学习要求】 了解 Shopee Logistics Service 的发展及其使用限制政策，了解 Shopee 各市场物流渠道费用，了解物流状态查询方法。

【学习重点或难点】 掌握 Shopee Logistics Service 的后台设置。

Shopee 除了提供第三方物流体系外还自建物流服务（Shopee Logistics Service，简称为 SLS），SLS 为跨境卖家提供了一站式跨境物流解决方案，解决卖家发货难题，同时买卖双方都可以查看订单实时货运动态，提高买卖双方沟通效率。

第一节　Shopee Logistics Service 物流介绍

一、Shopee Logistics Service 简介

物流指引　Shopee 自建物流服务 Shopee logistics Sevice 简称"SLS"，旨在为卖家提供愉快的购物体验及为卖家搭建高效的交易平台。SLS 为跨境卖家提供了一站式跨境物流解决方案，让卖家节省运营成本，是一种低价高效跨境物流解决途径。在运作方式上，卖家只需统一打印 Shopee 运单，并发货至 Shopee 转运仓，无须提前备货到 Shopee 转运仓；在工作效率上，实现了低价高效，配送价格低于市场价约 30%，最快 3 天可以到达目的地；在使用范围上，实现了所有 Shopee 市场开放。

同时，SLS 还在不断的升级中，更多的物流行业领军企业正在加盟 SLS，转运仓覆盖全国重大出货区域，可以全面提升中国产品的出海运能。空运服务覆盖地及航班不断增加，实现了从华东、华南直飞。多种物流解决方案并行，利用空运和陆运提升了运输的灵活性。

二、Shopee Logistics Service 物流发展历史

2016 年是东南亚跨境电商发展史上的蹒跚学步之年。这一年只有新加坡、马来西亚这两个国家具有相对完善的法律法规可以正式并有规模地支持个人电商小包的进出口业务。与此同时，印度尼西亚海关刚刚结束一轮长达 3 个月的红灯期，无数跨境玩家折戟印度尼西亚；泰国的个人电商小包进口还有相当的部分在依赖 OBC（个人行李托运）；菲律宾的菲佣行李托运也在默默地撑起菲律宾的个人电商小包进口网络。而这一切都有一个共同点，不断成长的跨境电子商务刚需与严重滞后的法律法规、跨境服务基础建设将东南

亚跨境电商的痛点与瓶颈——跨境物流,推到了聚光灯下。

也正是在这一年,Shopee 开始推出跨境自建物流解决方案 Shopee Logistics Service,以求能够突破这一掣肘跨境电商发展的瓶颈,帮助中国卖家顺利出海东南亚。SLS 的第一站便选择了让无数卖家、物流服务商折戟沉沙的印度尼西亚,并在这个拥有接近 3 亿人口的东南亚第一大市场打开了突破口。截至 2017 年年底,也就是 SLS 印度尼西亚网络建成的第一年,SLS 便以低于当时印度尼西亚市场平均水平 30% 的价格,成为东南亚跨境电商市场的一匹大黑马。随后 SLS 陆续完成新加坡、马来西亚、泰国、菲律宾、越南等市场的物流渠道建设,并于 2018 年 4 月完成了全站点开放,实现了帮助中国卖家、中国品牌、中国制造轻松出海的宏大愿景,更是响应了习主席于 2013 年提出的"一带一路"倡议。

2019 年,随着 SLS 的进一步优化和抛光打磨,其已经成为东南亚跨境电商基础服务的重要组成部分,并支撑着东南亚市场跨境电商的快速、蓬勃发展,而这也成为 SLS 继续砥砺前行、服务东南亚跨境电商持续高速发展的新起点。

第二节　Shopee Logistics Service 物流设置

一、店铺物流方式设置

为了让产品售卖后正常发货,卖家在上传产品前需要预先设置好对应产品的物流方式,在卖家中心首页进入"Shop Management"—"Shop Settings"—"My Shipping",可以设置店铺的物流渠道,选择"Standard Express"即为设置 SLS 标准物流,其他物流方式则可关闭,如图 5-1 所示。

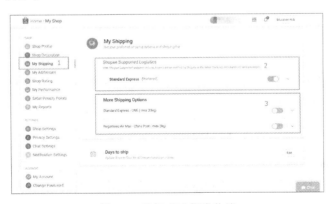

图 5-1　选择 SLS 标准物流

注意:卖家需要在店铺产品上架前设置好店铺物流方式,如在设置店铺物流方式之前已经上架了产品,需要对每个产品修改物流方式才能使用 SLS 物流。

二、SLS 货到付款方式设置

(一)开通货到付款方式的市场

目前 Shopee 平台可以提供货到付款(to cash on delivery,COD)功能的市场如表5-1所示。

表 5-1　Shopee 平台开通货到付款功能的市场

市场	使用物流	是否开通货到付款（COD）
印度尼西亚	SLS-Standard Express	是
新加坡		否
马来西亚		否
泰国	SLS	是
菲律宾		是
越南		是

（二）货到付款设置方法

进入卖家中心"Shop Settings"—"My Shipping"设置店铺物流渠道，同时点击 COD 按钮，开启对应 SLS COD 服务，如图 5-2 所示。

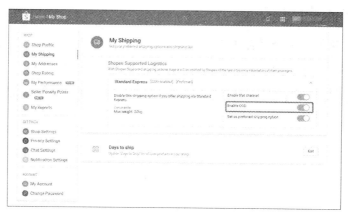

图 5-2　COD 设置界面

COD 开启后买家在下单时可以选择是否使用 COD，买家选择了使用 COD 的订单会由 SLS 寄送至当地并代替卖家收款，收款成功后打款至 Shopee 卖家收款账户，COD 订单的收款方式与线上付款订单收款方式相同。

三、单个产品修改物流方式

对于已经上传好的单个产品，当需要修改物流方式时可以在"我的产品"界面中，点击需要修改物流方式的产品，如图 5-3 所示。

图 5-3　选择修改物流方式的产品

进入产品编辑界面,在"Shipping"界面打开"Standard Express",即把该产品物流方式设置为 SLS 物流,如图 5-4 所示。

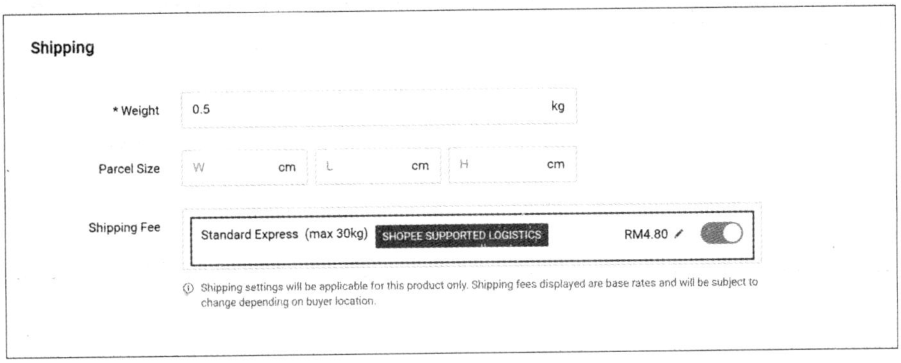

图 5-4　修改物流方式

四、批量修改物流方式

如果需要批量修改多个产品的物流方式,可以在"我的产品"界面,进入"My Products"—"All",点击"Batch Actions"(批次动作)按钮,如图 5-5 所示。

图 5-5　选择"批次动作"界面

进入批量编辑现有产品界面,点击"Express options"—"Edit shipping info",如图5-6所示。

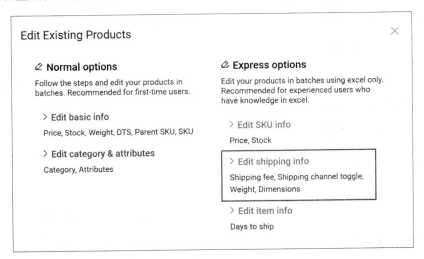

图 5-6　进入批量编辑界面

也可以下载批量编辑表格，如图 5-7 所示。

图 5-7　下载批量编辑表格

在下载好的"Mass-edit-shipping"表格中把"Standard Express"物流方式全部设置成"On"，如图 5-8 所示。

Product ID	Product SKU	Product Name	Product Weigl	Length	Width	Height	Standard Express Shipping toggl	Shipping fee
2289254517		Mini Wooden Ball {	0.04	6.00	6.00	14.00	On	4.80
2270562722	123456	Women Clothes Kc	0.50	0.00	0.00	0.00	On	4.80
1556571105		fashion pink coat	1.00	120.00	60.00	50.00	On	4.80

图 5-8　物流方式设置

最后把设置好的表格按照原路径上传至卖家中心即可。

第三节　Shopee Logistics Service 物流收费介绍

一、Shopee 各市场物流渠道费用介绍

（一）各物流渠道的费用和时效

除了官方物流 SLS 之外，Shopee 还给卖家提供了其他符合东南亚运输条件的各类物流渠道，其中各渠道费用和时效汇总可扫描相关二维码。

其中需要注意以下两种情况。

第一，新加坡市场 SLS 分为"SLS Standard Express"（SLS 标准物流）和"SLS Standard Economy"（SLS 小包物流），方便卖家发送更轻的小件包裹。

第二，马来西亚、印度尼西亚、泰国、菲律宾和越南市场 SLS 在 A 区、B 区、C 区收费标准不完全相同。

物流渠道价格和时效一览表

（二）SLS 物流体积计费规则

自 2019 年 5 月 15 日起，SLS 包裹将采用实际计重和体积计重相结合的计重方式，并按照实际重量和体积重量两者中较重的重量进行运费计算，体积重量计费公式为

$$体积重量＝长（厘米）×宽（厘米）×高（厘米）/9000$$

（其他第三方物流公司通用的标准计算参数是 6000,9000 为 Shopee 优惠参数）

需要注意以下几个问题。

第一,卖家藏价时需要根据体积重公式算出体积重的计重重量,再运用 Shopee 提供的改价工具藏价。

第二,SLS 只会对单边长度大于 40 厘米的包裹运用实际计重和体积计重相结合的计重规则。

第三,体积重的计重单位为千克。

二、Shopee Logistics Service 物流补贴政策

　　为了给买家提供更好的购物体验,Shopee 为买家在相应市场提供运费补贴,若买家的订单消费金额满足相应市场的物流补贴门槛,买家便可享受平台提供的运费补贴。

　　Shopee 平台各市场物流渠道运费补贴可扫描相关二维码了解详情。

　　以马来西亚市场为例,当 A 区的买家下单的金额大于或等于 40 林吉特

📝 **Shopee 平台各市场物流渠道运费补贴表**

时,Shopee 会补贴该订单 4 林吉特;B 区和 C 区的补贴相同,当 B 区或 C 区买家下单的金额大于或等于 40 林吉特时,Shopee 会补贴该订单 4.8 林吉特。

三、Shopee Logistics Service 物流产品定价规则

在未设置包邮的情况下,买家和卖家共同承担 SLS 物流费用,因此卖家要将自己承担的部分计入自己的物流成本当中。卖家承担的物流成本的计算公式为

$$卖家承担的物流成本 = 平台收取的运费 - 买家承担的运费$$

下面以马来西亚市场 SLS 运费和产品价格设置为例进行说明。

（一）平台收取的运费

Shopee 马来西亚市场 SLS-Standard Express 实际运费如表 5-2 所示。

表 5-2　**Shopee 马来西亚市场 SLS-Standard Express 实际运费(按照仓库实际称重)**

目的地	首重/千克	首重价格/林吉特	续重/千克	续重每 0.01 千克价格/林吉特	超过 1.00 千克部分,第 0.25 千克附加费
A 区	0.01	3.95	0.01	0.15	—
B 区		4.95		0.15	1.50
C 区		4.95		0.15	1.50

注:此表为 2019 年 7 月 1 日版本,如有更新请至 http://shopee.cn 官方网站查询

马来西亚运费计算如下。

A 区、B 区、C 区首重重量和续重重量单位均为 0.01 千克。以 B 区为例进行运费计算。

(1)0.01 千克内的包裹,价格均为 4.95 林吉特。

(2)超过 0.01 千克之后每增加 0.01 千克,都要加上 0.15 林吉特。

（3）如果该包裹超过 1.00 千克,之后每增加 0.25 千克都要加上 1.50 林吉特附加费。

（4）首重和续重的费用仍然适用于超过 1.00 千克的包裹。

平台收取的运费,计算公式为

平台收取的运费＝首重价格＋（重量－首重单位）÷续重单位×每续重单位价格

（二）马来西亚买家承担运费

Shopee 马来西亚市场 SLS-Standard Express 的买家支付运费标准如表 5-3 所示。

表 5-3　Shopee 马来西亚市场 SLS-Standard Express 买家支付运费

目的地	A 区/林吉特	B 区/林吉特	C 区/林吉特
首重 1.00 千克	3.80（固定运费）	4.80	4.80
续重每 0.25 千克		1.50	1.50

注:此表为 2019 年 7 月 1 日版本,如有更新请至 http://shopee.cn 官方网站查询

从表 5-4 可以看出,马来西亚买家需要支付的运费为:A 区买家无论包裹多重,仅承担固定费用 3.80 林吉特;B 区和 C 区买家所购买的订单包裹在 1.00 千克以内,需要支付 4.80 林吉特,超过 1.00 千克后每个 0.25 千克都要增加 1.50 林吉特。

（三）马来西亚卖家物流成本计算

A 区包裹,买家固定承担 3.80 林吉特,卖家每个 0.01 千克都要承担物流成本 0.15 林吉特。

B 区和 C 区包裹,买家固定承担 4.80 林吉特,总运费中,由于超出 1.00 千克附加费用由买家全部承担了,卖家每个 0.01 千克都要承担物流成本 0.15 林吉特。

所以,马来西亚的卖家承担的物流成本计算公式为

卖家承担的物流成本＝产品重量÷0.01×0.15

（四）马来西亚产品定价与物流成本计算

卖家在设置产品价格的时候,就需要将要承担的物流成本加到产品成本上,计算公式为

产品价格＝产品成本＋平台收取的运费－买家承担的运费＋其他成本＋利润

或卖家承担的物流成本＝平台收取的运费－买家承担的运费

因此

产品价格＝产品成本＋其他成本＋利润＋卖家承担的物流成本（产品重量÷0.01×0.15）

【例 5-1】某产品打包后重量 0.50 千克,成本 5.00 林吉特,利润 4.00 林吉特,其他成本 3.00 林吉特,卖家从自己公司发货到 Shopee 转运仓的物流花费 3.00 林吉特,卖家上传产品时如何设置产品价格。

无论在 A 区还是 B 区或 C 区,都按照如下公式计算

产品价格＝产品成本＋其他成本＋利润＋产品重量÷0.01×0.15

因此,该产品定价计算为

（5.00＋3.00＋4.00＋3.00）＋0.50÷0.01×0.15＝22.50（林吉特）

为了方便每个卖家根据重量计算产品价格,Shopee 专门为各市场卖家制作了物流成

本计算公式表格——Shopee 改价工具表,卖家只需要输入产品重量,即可知道自己需要加入多少成本到产品价格中,Shopee 改价工具表链接可扫描相关二维码。

Shopee 改价工具表

马来西亚市场改价工具示例如表 5-4 所示,如当产品重量为 0.10 千克,需要通过 SLS 发送至马来西亚 A 区,则实际总运费为 5.30 林吉特,卖家需要支付 5.30 林吉特减去 3.80 林吉特等于 1.50 林吉特。

表 5-4   马来西亚市场改价工具示例

重量(千克)	A 区(林吉特)	B 区	C 区	藏入价格
0.10	3.95	4.95	4.95	0.15
0.20	4.10	5.10	5.10	0.30
0.30	4.25	5.25	5.25	0.45
0.40	4.4	5.40	5.40	0.60
0.50	4.55	5.55	5.55	0.75
0.60	4.70	5.70	5.70	0.90
0.70	4.85	5.85	5.85	1.05
0.80	5.00	6.00	6.00	1.20
0.90	5.15	6.15	6.15	1.35
0.10	5.30	6.30	6.30	1.50
0.11	5.45	6.45	6.45	1.65
0.12	5.60	6.60	6.60	1.80
0.13	5.75	6.75	6.75	1.95
0.14	5.90	6.90	6.90	2.10
0.15	6.05	7.05	7.05	2.25
0.16	6.20	7.20	7.20	2.40
0.17	6.35	7.35	7.35	2.55
0.18	6.50	7.50	7.50	2.70
0.19	6.65	7.65	7.65	2.85
0.20	6.80	7.80	7.80	3.00
0.21	6.90	7.95	7.95	3.15
0.22	7.10	8.10	8.10	3.30
0.23	7.25	8.25	8.25	3.45
0.24	7.40	8.40	8.40	3.60
0.25	7.55	8.55	8.55	3.75

第四节　Shopee Logistics Service 物流渠道特殊限制及规定

一、新加坡市场 SLS 物流渠道特殊限制及规定

（一）SLS Standard Express 渠道限制和注意事项

（1）包裹限重：20 千克。

（2）包裹尺寸要求：长、宽、高之和＜240 厘米，最长边＜120 厘米。

（3）以下产品目前尚不可以通过 SLS Standard Express 渠道运输：①生鲜食品、药品、医疗用品、电子烟、香烟、骨灰盒、带气体的产品（如皮球、篮球等）；②假币和邮票、信用卡和借记卡、彩票、证件、成人用品；③受《华盛顿公约》限制的动植物产品、需进行动植物检疫的种子和植物提取物等；④与枪械有关的物品（如瞄准具、模型枪械、弹药类等）及有攻击性的物品（如铁手撑、警棍、电击器、刀斧、匕首、弹弓、剑等物品）；⑤易燃易爆物品（如指甲油等含酒精的易燃液体、牙粉、打火机及压缩气体）和强磁性的产品（如磁铁等）；⑥假冒无品牌授权的产品，否则会被海关扣货，由此产生的罚款和费用将由卖家承担；⑦毒品、放射性物品、感染性物品、化学物品（如硫酸、乙醇等）；⑧电动平衡车、纯电池、充电宝（能够给其他设备充电的所有产品）；⑨同赌有关的产品（如扑克牌、骰子等）；⑩含液体（不含酒精和喷雾）超过 200 毫升的包裹。

（4）新加坡可发手机、平板电脑，每个包裹不超过 2 台。

（5）新加坡会对 CIF（成本加保险费加运费）价值超过 400 新加坡元的包裹征收 7％ 的增值税。

（二）SLS Standard Economy 渠道限制和注意事项

对 SLS Standard Economy 渠道有如下限制和注意事项。

（1）包裹限重：2 千克。

（2）包裹尺寸不可超过 24 厘米×34 厘米×7 厘米。

（3）以下产品目前尚不可以通过 SLS Standard Economy 渠道运输配送：①食品、饮料、药品、假币和邮票、信用卡和借记卡、彩票、成人用品、指甲油、液体（50 毫升以上）、电子烟、香烟、骨灰盒、证件、带气体的产品（如皮球、篮球等）；②受《华盛顿公约》限制的活的动植物产品，需进行动植物检疫的种子和植物提取物等；③纯电池、充电宝（能够给其他设备充电的所有产品）、电动平衡车、手机、平板电脑及带加压的物品；④假冒无品牌授权的产品，否则会被海关扣货；⑤与枪械有关的物品（如瞄准具、模型枪械、弹药类等）及有攻击性的物品（如铁手撑、警棍、刀斧、匕首、弹弓、剑等物品）；⑥易燃易爆物品（如指甲油等含酒精的产品）和带磁性的产品（如磁铁等）；⑦毒品、放射性物品、感染性物品、化学物品（如硫酸、乙醇等）；⑧同赌有关的产品（如扑克牌、骰子等）。

（4）新加坡会对 CIF 价值超过 400 新加坡元的包裹征收 7％ 的增值税。

由于卖家违反禁运清单所产生的税金、罚款及相关费用将由卖家承担。

二、马来西亚市场 SLS 物流渠道特殊限制及规定

除马来西亚及中国法律法规所明确规定的限制及禁止情形外，SLS 马来西亚物流渠

道还有以下限制和注意事项。

(1)包裹限重:25 千克。

(2)包裹尺寸要求:单边<150 厘米。

(3)以下产品目前尚不可以通过 SLS Standard Express 渠道运输:①药品、生鲜食品、假币和邮票、信用卡和借记卡、彩票、证件、性用品、电子烟、香烟、骨灰盒、带气体的产品(如救生衣、皮球、足球)、医疗用品和医疗辅助工具;②对讲机、打印机、投影仪、纯电池类货物、充电宝(能够给其他设备充电的所有产品)、电动平衡车、易发光产品、易发声产品;③受《华盛顿公约》限制的动植物产品、需进行动植物检疫的种子和植物提取物等;④与枪械有关的物品(如瞄准具、模型枪械、弹药类等)及有攻击性的物品(如铁手撑、警棍、电击器、刀斧、匕首、弹弓、剑等物品);⑤易燃易爆物品(如指甲油等含酒精的易燃液体、牙粉、打火机及压缩气体)和强磁性的产品(如磁铁等);⑥假冒无品牌授权的产品,否则会被海关扣货,由此产生的罚款和费用将由卖家承担;⑦毒品、放射性物品、感染性物品、化学物品(如硫酸、乙醇等);⑧同赌有关的产品(如扑克牌、骰子等);⑨含液体(不含酒精和喷雾)超过 200 毫升的包裹。

(4)马来西亚可发手机、平板电脑,每个包裹不超过 2 台。

(5)马来西亚个人包裹海关免税额为 500 林吉特,包裹货值若超过此额度将会按品类被海关额外征税,税费由卖家承担。

由于卖家违反禁运清单所产生的税金、罚款及相关费用将由卖家承担。

三、印度尼西亚市场 SLS 物流渠道特殊限制及规定

除印度尼西亚及中国法律法规所明确规定的限制及禁止情形外,SLS 印度尼西亚物流渠道还有以下限制和注意事项。

(1)个人包裹限重:30 千克。

(2)包裹尺寸要求:非圆筒形包裹:单边<120 厘米,三边和<180 厘米;圆筒形包裹:17 厘米≤直径的两倍+长度≤104 厘米,10 厘米≤长度≤90 厘米。

(3)以下产品目前尚不可以通过 SLS Standard Express 渠道运输配送:①电动平衡车、纯电池、充电宝(能够给其他设备充电的所有产品);②电子烟、香烟、电子货币、电子书、信用卡和借记卡、彩票、证件、骨灰盒、性用品、生鲜食品、药品、医疗用品和医疗辅助工具(如助听器)及受航空管制的各类危险物品;③受《华盛顿公约》限制的动植物产品、需进行动植物检疫的种子和植物提取物等;④与枪械有关的物品(如瞄准具、模型枪械、弹药类等)及有攻击性的物品(如铁手撑、警棍、电击器、刀斧、匕首、弹弓、剑等物品);⑤易燃易爆物品(如指甲油等含酒精的易燃液体、牙粉、打火机及压缩气体、喷雾等)、强磁性的产品(如磁铁等)、带气体的产品(如皮球等);⑥假冒无品牌授权的产品,否则会被海关扣货,由此产生的罚款和费用将由卖家承担;⑦毒品、放射性物品、感染性物品、化学物品(如硫酸、乙醇等);⑧同赌有关的产品(如扑克牌、骰子等);⑨液体(不含酒精和喷雾)超过 200 毫升的包裹。

(4)印度尼西亚可发电脑、平板、手机、无人机、对讲机等通信器材,每个订单不超过 2 台。

(5)印度尼西亚个人包裹海关免税额为 75 美元,订单金额超过此额度将会被海关征

税,平均税率可达 40% 以上。同时订单金额不可超过 1500 美元,否则无法寄送。

由于卖家违反禁运清单所产生的税金、罚款及相关费用将由卖家承担。

四、泰国市场 SLS 物流渠道特殊限制及规定

（一）泰国物流渠道 SLS Standard Express 的特殊限制。

在使用 SLS Standard Express 泰国物流渠道时需注意如下特殊限制。

(1)包裹限重:20 千克。

(2)单边长<100 厘米,三边之和<180 厘米。

(3)总额超过 1500 泰铢的包裹会按品类被海关额外征税,征税比例可达 30% 以上,税费由卖家承担。

(4)以下产品目前还不能通过 SLS Standard Express 渠道运输配送:①易燃易爆物品(如指甲油等含酒精的液体、香水、牙粉、打火机及压缩气体)、强磁性产品(如磁铁等)、带气体的产品(如皮球、足球等);②手机、平板电脑、台式电脑、无人机、对讲机及其他通信器材;③电子烟及电子烟配件、香烟、骨灰盒、电视机、电视机顶盒、电视棒、电子秤、电动平衡车、磁性橡皮泥(magnetic putty)、纯电池产品;④食品、所有药物、保健品、医疗器械(如温度计/血压计、使用激光/针进行美容的产品);⑤受《华盛顿公约》限制的动植物产品、需进行动植物检疫的种子和植物提取物等;⑥和性有关的产品,含色情、猥亵语言的出版物、录像、DVD、软件,也包括含按摩(massage)等敏感词的产品;⑦毒品、放射性物品、感染性物品、化学物品(如硫酸、乙醇等);⑧同赌有关系的产品,如骰子、扑克牌,但不包括棋类;⑨假冒和涉嫌侵权的产品、品牌产品(除非能提供授权文件)及未经授权使用他人版权的产品(如带有未经授权卡通图案的玩具,除非能证明已得到官方授权),否则会被没收并对卖家进行罚款;⑩与枪械有关的物品(如瞄准具、模型枪械、弹药类等)及有攻击性的物品(如铁手撑、警棍、刀斧、匕首、弹弓、剑等物品);⑪含液体(不含酒精和喷雾)超过 200 毫升的包裹;⑫货币、钞票、证件。

（二）泰国物流渠道 SLS Premium Express 的限制和注意事项

(1)包裹限重:20 千克。

(2)标准尺寸:120 厘米×60 厘米×60 厘米,标准最大尺寸:长+周长(2×宽+2×高)<360 厘米。

(3)总额超过 1500 泰铢的包裹可能会被海关额外征税,将由卖家承担。

(4)应泰国政府要求,需进行 TISI(泰国工业标准协会)认证的产品必须提供相应认证证明。

(5)以下产品目前尚不可以通过 SLS Premium Express 渠道运输:①易燃易爆物品(如指甲油等含酒精的易燃液体、香水、打火机及压缩气体)和强磁性的产品(如磁铁等)、带气体的产品(如皮球、足球等);②带电的产品,包括手表、手机、电脑、无人机、对讲机等内置电池的产品或者纯电池、充电宝;③电子烟及电子烟配件、骨灰盒、电视机、电视机顶盒、电视棒、电子秤、电动平衡车、磁性橡皮泥;④食品、酒精、香烟和所有药物、医疗器械(如温度计/血压计、使用激光/针进行美容的产品);⑤受《华盛顿公约》限制的活的动植

物、需进行动植物检疫的种子和植物提取物；⑥和性有关的产品，含色情、猥亵语言的出版物、录像、DVD、软件，也包括含按摩等敏感词的产品；⑦同赌有关系的产品，如骰子、扑克牌，但不包括棋类；⑧粉末、毒品、放射性物品、感染性物品、化学物品（如硫酸、乙醇 等）；⑨假冒和涉嫌侵权的产品，如品牌产品及未经授权使用他人版权的产品（如带有未经授权卡通图案的玩具，除非能证明已得到官方授权），否则会被没收并对卖家进行罚款；⑩与枪械有关的物品（如瞄准具、模型枪械、弹药类等）及有攻击性的物品（如铁手撑、警棍、刀斧、匕首、弹弓、剑等物品）；⑪所有含液体的产品；⑫货币、钞票、证件。

由于卖家违反禁运清单所产生的税金、罚款及相关费用将由卖家承担。

五、菲律宾市场 SLS 物流渠道特殊限制及规定

除菲律宾及中国法律法规所明确规定的限制及禁止情形外，SLS 菲律宾物流渠道的使用还需注意如下特殊限制。

（1）包裹限重：20 千克。

（2）包裹最长边≤120 厘米，三边长≤240 厘米。

（3）总额超过 200 美元的包裹会按品类被海关额外征税，税费由卖家承担。

（4）以下产品目前尚不可以通过 SLS 渠道运输配送：①生鲜食品、药品；②纯电池、充电宝（能够给其他设备充电的所有产品）、电动平衡车；③含液体（不含酒精和喷雾）超过200 毫升的包裹；④电子烟、香烟、证件、骨灰盒、无人机；⑤假币和邮票、信用卡、借记卡、彩票、具有货币价值的纪念币和硬币；⑥与枪械有关的物品（如瞄准具、模型枪械、弹药类等）及有攻击性的物品（如铁手撑、警棍、电击器、刀斧、匕首、弹弓、剑等物品）；⑦受《华盛顿公约》限制的动植物产品、需进行动植物检疫的种子和植物提取物等；⑧易燃易爆物品（如指甲油等含酒精的液体、牙粉、打火机等）、带磁性的产品（如磁铁等）、带气体的产品（如皮球、足球等）；⑨假冒和涉及侵权的产品，否则会被没收并对卖家进行罚款；⑩毒品、放射性物品、感染性物品、化学物品（如硫酸、乙醇等）。

（5）菲律宾可发手机、平板电脑，每个包裹不超过 2 台。

由于卖家违反禁运清单所产生的税金、罚款及相关费用将由卖家承担。

六、越南市场 SLS 物流渠道特殊限制及规定

除越南及中国法律法规所明确规定的限制及禁止情形外，SLS 越南物流渠道的使用还需注意如下特殊限制。

（1）包裹限重：10 千克。

（2）包裹单边长≤70 厘米。

（3）单个 SKU 价值超过 100 万越南盾会被海关额外征税，税费由卖家承担。

（4）以下产品目前尚不可以通过 SLS 渠道运输配送：①食品、药品、保健品、毒品、放射性物品、感染性物品、化学物品（如硫酸、乙醇等）；②易燃易爆物品（如含酒精类的液体、牙粉、打火机等）；③生物、受《华盛顿公约》限制的动植物产品、需进行动植物检疫的种子和植物提取物等；④液体（不含酒精和喷雾）超过 200 毫升的包裹；⑤带气体或气压的产品（如皮球、压缩气体喷雾等）、电子烟、烟草、磁性橡皮泥；⑥越南货币、外币、邮票、信用卡、

借记卡、彩票、证件、骨灰盒、地图、所有的图书及出版物、政府或警察相关物品(如徽章、徽章或制服);⑦贵重金属、宝石、品牌手表、情趣用品;⑧手机、平板电脑、电动平衡车;⑨与枪械有关的物品(如瞄准具、模型枪械、武器弹药类等)及有攻击性的物品(如铁手撑、警棍、电击器、刀斧、匕首、弹弓、剑等物品);⑩假冒或无品牌授权的产品,违反此条款会被海关没收货物并处以罚款。

由于卖家违反禁运清单所产生的税金、罚款及相关费用将由卖家承担。

第五节　Shopee Logistics Service 货态查询

一、卖家中心货态查询

Shopee 卖家中心提供线上的物流跟踪服务,买卖双方可以通过查看订单物流跟踪信息了解最新物流进程。进入"Shopee Seller Center"—"My Sales"—"Shipping",点击"Check Details"可以查看正在运送中的订单详情,如图 5-9 所示。

图 5-9　订单查询

在"Logistic Information"物流信息页面可查看当前订单物流状态,如图 5-10 所示。

图 5-10　订单物流状态信息

二、包裹入仓及入仓前的查询和异常处理

除了在 Shopee 平台上可以查询包裹货态外,卖家还可以联系 Shopee 物流客服处理异常包裹。查询时需提供寄件物流单号、签收底单、包裹内容物等信息。

（一）深圳仓库

（1）联系深圳仓库可以拨打电话：0755 - 21537059 - 1 - 3。

仓库问题
咨询链接

（2）可以点击咨询链接：http://t.cn/EaXfsCd（需要登录微信使用）。

（3）还可以通过扫描左侧二维码咨询。

（二）上海仓库

上海仓库可以通过如下联系方式进行咨询。

QQ：2880332848。

电话：400 - 8206207。

邮箱：abl_sh@shwise.cn。

（三）义乌仓库

义乌仓库可以通过如下联系方式进行咨询。

QQ：2880332849。

电话：0579 - 85699306。

邮箱：abl_yw@shwise.cn。

（四）泉州仓库

泉州仓库可以通过如下联系方式进行咨询。

QQ：2880332848。

电话：400 - 8206207。

该信息可能会更新，最新的咨询信息可以登录官网 http://shopee.cn 查询。

第六节　Shopee Logistics Service 卖家物流费用结算

已在平台开户的卖家将直接与平台进行统一结算。在交易完成后，买家所支付的交易金额将由 Shopee 统一扣除运费及一切相关费用后支付给卖家。

目前 Shopee 平台会对所有订单按照实际运费对卖家进行收费（包括正常送达、拒收、买家申请退款退货的订单），费用会在订单完成后的打款里扣除。

📍 本章小结

本章学习了 Shopee Logistics Service 的发展历史和使用方法、物流费用计算方法、各市场限制和规范，以及货态查询方法，卖家需详细了解 SLS 各使用规范，在使用过程中严格遵守。

本章习题

第五章习题

第六章

产品管理

【学习要求】 理解产品管理,理解上架、下架、查找产品的方法。

【学习重点或难点】 掌握单个和批量产品的上传和信息编辑。

本章介绍的 Shopee 卖家中心的产品管理,主要功能包括上传、编辑产品信息,上架、下架、查找产品等。

第一节　上传产品

卖家可通过卖家中心"我的产品"界面实现店铺产品上架、编辑等管理,包括单个产品上传和多个(批量)产品上传两种方式。

产品上
传与管理

一、单个产品上传

单个产品上传是最简单的上传产品的方法,可以实现单个产品的快速上传。具体步骤如下。

(1)在卖家中心"我的产品"界面,点击"Add a New Product"(新增产品),如图 6-1 所示。

图 6-1　单个上传产品

(2)填写产品名称,选择对应类目,点击"Next"(下一步),如图 6-2 所示。

图 6-2　填写产品名称及选择类目

（3）填写产品基本信息，包括产品名称、产品描述、类目、品牌、材料、颜色等，其中带"＊"标注的选项为必填项，如图 6-3 所示。

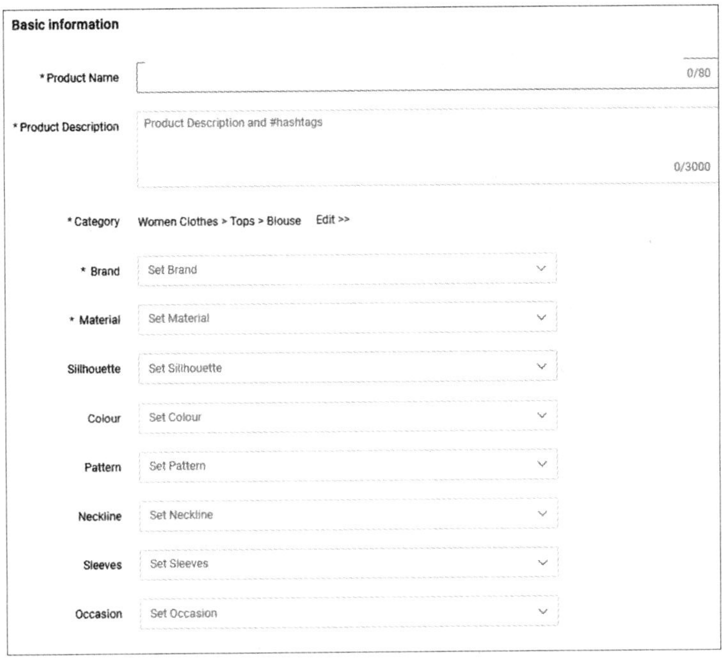

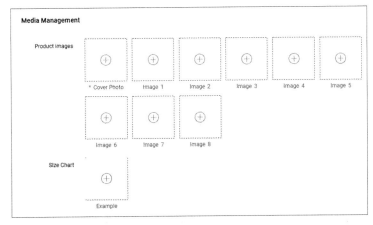

图 6-3　填写产品基本信息

注意：Brand（品牌）请在下拉框中选择需要上传产品的正确品牌名称，如果后台选择栏中无对应品牌，请选择"自有品牌/OEM/no brand"（印度尼西亚市场无品牌产品请选"TIDAK ADA MEREK"）。

（4）上传产品图片，如图 6-4 所示。图片规格须满足以下 3 个要求。

①最多上传 9 张照片，每张尺寸不超过 2.0 MB。

②产品文件格式：JPG/JPEG/PNG。

③建议尺寸：1024 像素×1024 像素。

图 6-4　上传产品图片

卖家可以根据上传的产品需求选择是否设置多级变体(变体即指一个产品的多个分类,买家可以选择购买其中一个)。如图 6-5 中的产品有 3 个颜色"Variation"(变体),买家可以选择购买其中一个或者多个颜色的产品。

图 6-5　产品变体买家端示例

当产品变体较多时,卖家可以运用"Variation"(变体)功能为该产品添加二级类目,如一件服饰类产品,可以设置"颜色"和"尺寸"两层变体名称,买家按需求自由搭配。目前,平台最多支持两级变体,每级最多可选择 20 个变体选项,后台最多可实现 50 种不同组合设置。在单个上传产品的过程中可以在"Sales information"(销售信息)中找到"Variation 2"(变体 2),点击"Add"即可新增二级变体选项,如图 6-6 所示。

注意:无添加二级变体需要的产品可直接填写"Variation 1"(变体 1)中"Name"(变体名称)和"Options"(变体选项)即可。

Sales Information

Variation 1				×
	Name	Color	5/14	
	Options	gold	4/20	
		silver	6/20	🗑
		black	5/20	🗑
		green	5/20	🗑
		⊕ Add Options (5/20)		
Variation 2		⊕ Add		

图 6-6　新增二级变体

同时可以设置各类变体名称和选项，如图 6-7 所示，设置一级变体名称为"Colour"（颜色），二级变体名称为"Size"（尺寸），则得到如图 6-8 所示的变体选项。

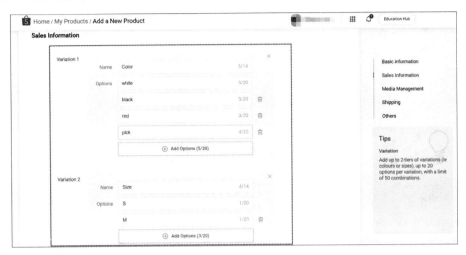

图 6-7　二级变体名称编辑界面

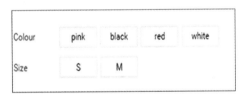

图 6-8　二级变体选项

（5）填写物流及其他信息，如图 6-9 所示。

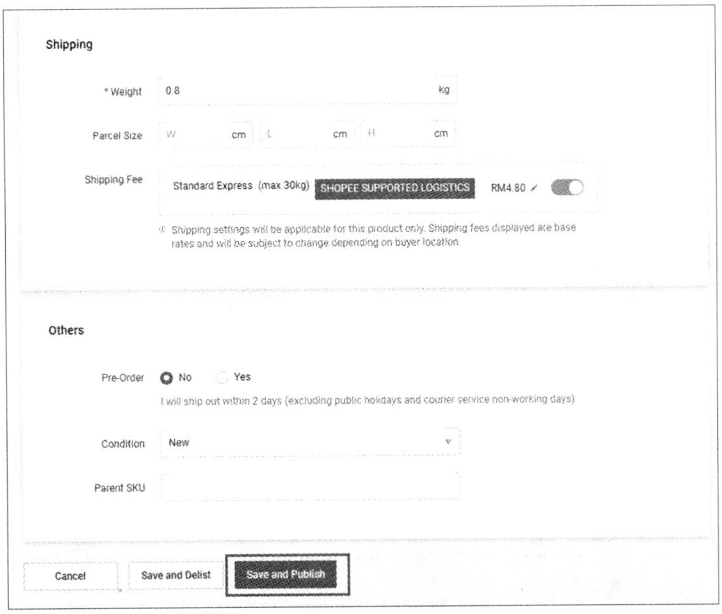

图 6-9　填写物流信息界面

填写"Weight"（重量）、"Parcel Size"（体积）和"Shipping Fee"（运费）"后点击"Save and Publish"（保存并发布）即可完成产品上架。

需要注意以下两个问题。

第一，物流渠道状态为绿色，表示此产品已开通此种物流渠道。

第二，"Pre-order"（预购）中，如果选择"NO"，则该产品 DTS（days to ship，备货时间）发货时间为 2 个工作日；选择"YES"，则该产品为预售产品，DTS 发货时间为 7～30 个工作日。

二、多个（批量）产品上传

除了可以单个产品上传外，卖家中心还可以进行批量产品上传，帮助卖家快速完成多个产品上架。批量产品上传步骤如下。

（1）在"我的产品"界面，点击"Batch Actions"（批次动作），选择"Add New Products"（新增产品），如图 6-10 所示。

图 6-10　批量产品上传

（2）点击"Download"（下载）获取最新的批量上传编辑表格，解压"Shopee_mass_upload_template_cb"压缩包，填写上传模板。建议每次重新下载批量上传模板，以确保为最新版本，如图 6-11 所示。

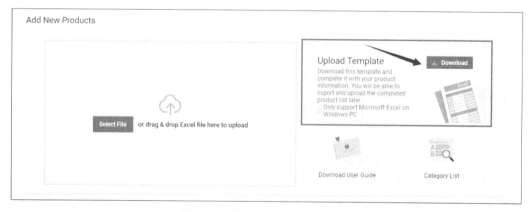

图 6-11　批量上传最新模板下载

（3）填写批量产品上传模板，模板如图 6-12 所示。

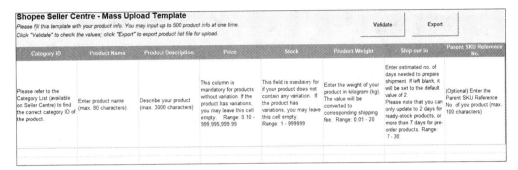

图 6-12　批量上传模板填写

表格中需要填写的内容如下。

①"Category ID"（类目 ID）：各市场品类 ID 各不相同，可在卖家中心新增产品界面点击"Category List"（类目表），查看各市场相应的品类 ID，根据此表填写每个产品所属的分类代码，如图 6-13 所示。

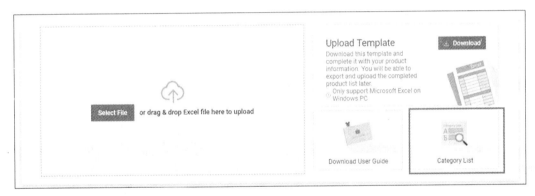

图 6-13　各市场最新品类 ID

②"Product Name"（产品名称）：在表格中填入产品名称时需注意字符限制，每个市场字符限制不同，具体要求详见批量上传模板。

③"Product Description"（产品描述）：准确、详细地介绍公司产品，字符数须在 3000 字以内。

④"Price"（价格）：用当地市场货币为计量单位填写产品价格，新加坡和马来西亚市场价格最多保留一位小数，其余市场为整数。如果卖家的产品没有设定"Variation"选项，则"Price"为必填字段；如果需要设定变体选项，则该字段不需要填写，但须填写每个变体的"Variation Price"（变体价格），如图 6-14 所示。

⑤"Stock"（库存）：如果你的产品没有设定"Variation"选项，则"Stock"为必填字段。如果设置了变体选项，则该字段不用填写，而须填写每个变体的"Variation Stock"（变体库存），如图 6-14 所示。库存的范围为 1～999999。

Variation 1: SKU Ref. No.	Variation 1: Name	Variation 1: Price	Variation 1: Stock	Variation 2: SKU Ref. No.	Variation 2: Name	Variation 2: Price	Variation 2: Stock
(Optional) Enter the SKU Reference No. of this variation of your product (max.100 characters).	Enter variation name (max. 20 characters).	Enter variation price (Range: 0.10 - 999,999,999.99).	Enter stock variation (Range: 1 - 999999)	(Optional) Enter the SKU Reference No. of this variation of your product (max.100 characters).	Enter variation name (max. 20 characters).	Enter variation price (Range: 0.10 - 999,999,999.99).	Enter stock variation (Range: 1 - 999999).

图 6-14　批量编辑变体属性

⑥"Product Weight"（产品重量）：此处需考虑该产品打包后需要寄往买家手中的包装重量，即填写包含包装的产品重量，单位为千克。

⑦"Ship out in"（发货时间）：预计发货时间建议填写 2 个自然日（SLS 的订单，请将快递至 Shopee 仓库扫描处理时间都计入发货时间）。此处系统默认值为 2 天，现货产品只能填写 2 天，预售产品可填写 7～30 天。

⑧"Parent SKU Reference No."（主产品查询号）：卖家产品编码，最多不超过 100 个字符。

此外，需要注意以下问题。

第一，如果贵公司的产品没有任何变体选项，如尺寸、颜色等，可直接填写下一个产品的信息。如果该产品填写信息包含变体选项，请继续往右填写，每一个产品最多可以有 20 个变体选项。

第二，如果有"Variation"选项，各个变体的"Name"和"Price"为必填项，而"SKU Ref. No.（产品查询编号）"为选填项。特别需要指出的是，同款不同色的产品应视为同种产品的不同变体。

第三，"Image"（图片链接）：需确保图片链接能够打开。上传时系统会根据填写的链接抓取图片。

（4）验证并导出用于上传的最终表格。为了确保卖家批量上传产品的过程中信息准确，批量上传模板表格填写完成后，卖家需要使用模板中的工具"Validate"（验证）验证所填信息是否正确，并点击"Export"（导出）验证成功的最终产品信息。

点击已经编辑好的批量上传表格模板中"Validate"按钮并启用 Excel 中的宏，验证表格是否填写正确，填写不规范的单元格会显示为红色。所有单元格修改正确后，点击"Export"会自动生成一个用于最终上传使用的 Excel（.xlsx）文件"Shopee_mass_upload_product_list"，如图 6-15 所示，在电脑中保存生成的 Excel 文件，如图 6-16 所示。

图 6-15　验证并导出表格

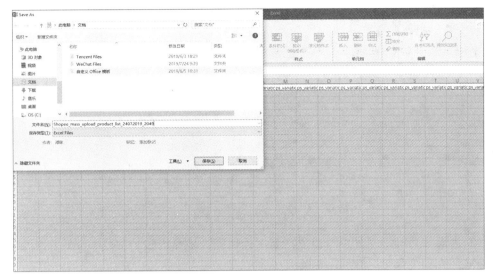

图 6-16　验证并导出表格

（5）在"新增产品"界面，点击"Select File"（选择文件），选择"Shopee_mass_upload_product_list"文件并上传至后台，然后进行余下信息的编辑，如图 6-17 所示。

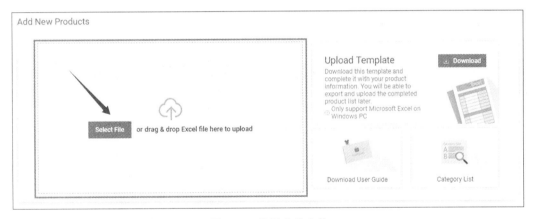

图 6-17　批量文件上传

（6）点击"Edit Product Info"（产品信息编辑），填写剩余需修改的产品基本信息，如 Shipping fee 为 0，说明物流选项尚未打开，请设置好产品运费之后再进行产品图片上传，确认无误后点击右上角"Save selected"（保存已选图片）继续下一步图片抓取，如图 6-18 所示。

图 6-18　产品基本信息修正查看

（7）进入"Upload Photos"（上传产品图片），如批量表格中填写了图片链接，进入此步骤系统会自动抓取对应产品图片。如批量表格中未填写图片链接，则须在此步骤为每个产品上传对应产品图片，方法与单个上传产品时"上传产品图片"相同，如图6-19所示。

图6-19　上传产品图片界面

（8）进入"Add Attributes"（添加产品属性），可以增加产品品牌（Brand）、尺寸（Size）、材质（Material）等信息，如图6-20所示。

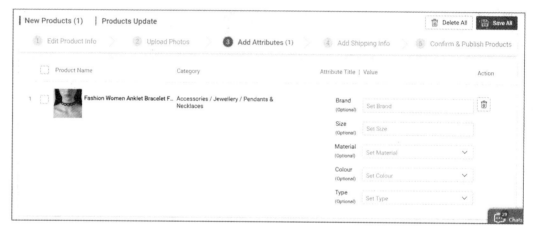

图6-20　产品属性填写界面

（9）图片抓取完成后，进入"Add Shipping Info"（增加物流信息）界面，点击右上角"Save All"（储存全部），如图6-21所示。

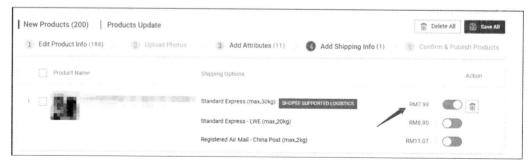

图6-21　物流信息填写界面

（10）进入"Confirm & Publish Products"（确认并发布产品）界面，点击右上角"Publish All"（全部发布）即可发布产品，如图6-22所示。

图 6-22　产品发布界面

第二节　编辑产品信息

为了方便卖家产品管理,产品上传完成后,可以通过卖家中心进行产品的信息修改。

一、单个产品编辑

产品上传完成后,如需要对产品属性进行修改,可以通过编辑单个产品信息的方法进行修改,具体步骤如下。

进入"我的产品",点击"Edit"(编辑)管理单个产品信息,卖家可以修改产品名称、产品描述和图片等信息,如图 6-23、图 6-24 所示。

图 6-23　单个产品信息编辑

图 6-24　修改产品名称和描述

同时,可在"Product images"(产品图片)界面通过拖动来调整图片的展示顺序,如图 6-25所示。

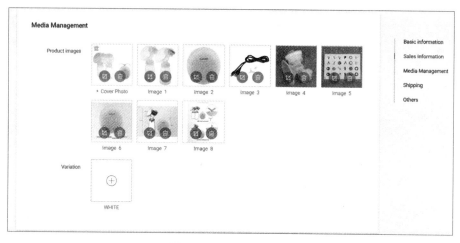

图 6-25　调整图片顺序

更改编辑完毕后,下拉至界面底部,点击左下角"Update"(更新)即可。

点击"Cancel"取消,可不保存此次更改;点击"Delist"(下架)可下架该产品。

产品信息更改成功后主页会弹出"You have successfully edited a product"(提示你已成功编辑一个产品),如图 6-26 所示。

图 6-26　单个编辑产品成功界面

如需删除某产品,进入"我的产品"界面,勾选需要删除的产品,并点击"Delete"(删除),如图 6-27 所示。

图 6-27　删除产品

二、多个（批量）产品编辑

（一）多个（批量）产品编辑步骤

当有多个的产品需要修改产品描述、类目、物流、库存、价格、库存等属性时，可以使用多个（批量）产品编辑操作，如图 6-28 所示。

（1）进入"我的产品"界面，点击"Batch Actions"（批次动作），选择"Edit Existing Products"（编辑现有产品），在弹出界面选择修改的内容，包括产品基本信息、产品分类及属性、SKU 信息、物流信息、单个产品信息等，如图 6-29 所示。

图 6-28　多个产品的信息更新

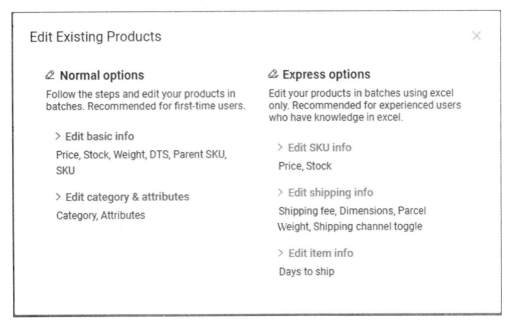

图 6-29　选择需要修改的产品信息内容

（2）点击"Download"（下载）可下载批量产品信息更新表格，如图 6-30 所示。

图 6-30 下载批量产品信息更新表格

（3）修改表格中需要更新的信息并保存，注意仅可修改绿色部分，其余信息不能通过批量编辑产品信息方法修改，如图 6-31 所示。

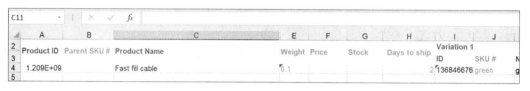

图 6-31 更新产品属性

（4）上述表格修改完成后保存在电脑中，然后点击"Select File"回传批量修改文件即可，如图 6-32 所示。

图 6-32 回传批量修改文件

（5）下载结果档案，在 Excel 文件中检查是否批量编辑成功，如图 6-33、图 6-34 所示。

图 6-33　下载批量检查表格

	G	H	I	J	K	L	M
	Price	Stock	**Resault**	**Reason**			
	A	100	Failed	Price input is illegal, please check the cell and ente			
	3.62	1000	Updated				

图 6-34　查看回传结果及原因

（二）常见的批量编辑产品失败原因

1. 错误的价格格式

常见的错误主要有：非数字格式，数值不在规定范围，有 3 位以上的小数等。需重新检查单元格信息并输入两位小数以内的数值。

2. 错误的库存格式

常见的错误主要是非数字格式或是数值不在规定范围。检查单元格信息并输入正确的库存（非负数）。

3. 编辑有折扣的产品的价格

如果有正在进行折扣活动的产品或者即将开始折扣活动，请将折扣活动删除后再更新，或等折扣活动结束后才能编辑产品信息。

第三节　产品视频上传

产品上传完成后，卖家可以通过为每个产品添加视频介绍，向买家更详细地展示产品信息。

产品视频需要在 Shopee APP 上传。在 APP 中点击"Me"（我的）进入"My Shop"（我的商店），选择要添加视频的产品，进入产品界面，点击右上角的 3 位置的"…"按钮，选择"Edit Product"（编辑产品），进入产品编辑界面，点选"＋Add Photo/Video"（添加视频），选择需要的视频上传,完成上传后点击"SUBMIT"(提交)即可,如图 6-35 所示。

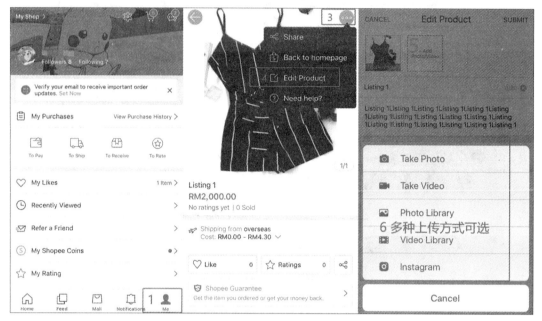

图 6-35　产品视频上传

第四节　产品上架、下架和查找

一、售完产品

在"Seller Center"—"My Products"界面,点击"Sold out"(已售完)可找到已售完的产品,可点击"Edit"(编辑)进行单个产品编辑,添加库存。

如不打算继续销售该产品,勾选此产品并选择"Delist"或"Delete"进行下架或删除,如图 6-36 所示。

图 6-36　已售完产品下架或删除界面

二、禁售产品

在"我的产品"界面,点击"Suspended"(已禁售)可找到因违规而被系统暂时下架的产品。在列表里可以看到产品下架的具体原因及系统建议的修改方式(建议结合"卖家惩罚计分系统"里的扣分情况进行修改),可点击"Edit"(编辑)进行单个产品编辑,修改违规产品后重新上架(下架产品只有 1 次修改机会,修改失败产品会被删除)。如不打算继续销售该产品,勾选此产品并选择"Delete"(删除),如图 6-37 所示。

图 6-37　已禁售产品下架或删除界面

三、 在线产品的上架和下架

在"我的产品"界面找到"Live"(现有)产品,勾选需要下架的产品,点击"Delist"即可以对在线产品进行下架操作,如图 6-38 所示。

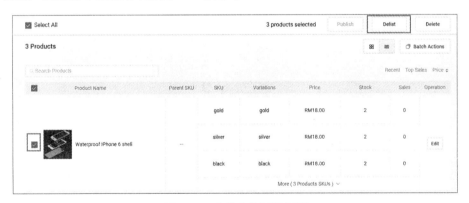

图 6-38　在线产品下架界面

在"我的产品"找到"Unlisted",勾选"需要上架的产品",点击"Publish"即可以对未上架产品进行上架操作;对于已售完的产品,需要修改库存后,才能重新上架,如图 6-39 所示。

图 6-39　产品重新上架界面

四、产品的查找

在"我的产品"界面的搜索框中，可以通过输入产品标题关键词，或者输入"Parent SKU"（主产品货号）来搜索店铺内产品，如图 6-40 所示。

图 6-40 店铺内产品搜索

📍 本章小结

本章主要介绍了在 Shopee 卖家中心单个或多个（批量）产品上传，单个或多个（批量）产品编辑，产品上架、下架和查找等内容，帮助卖家实现产品管理。

本章习题

第六章习题

第七章

订单管理

【学习要求】 理解 Shopee 卖家中心的订单管理的各项功能。

【学习重点和难点】 掌握单个和批量发货的方法。

本章介绍 Shopee 卖家中心的订单管理,主要功能包括订单状态查询、议价、发货和评价等。

第一节　订单状态

订单管理与售后

Shopee 所有状态下的订单都可通过"Order ID"(订单编号)搜索,还可以设置"Order Creation Date"(订单创建时间)选择特定时期的订单进行查看,也可以点击"Export"导出订单详情进行查看。下面,首先介绍订单的 6 种状态。

一、 "Unpaid"(未付款的订单)

"未付款的订单"即买家下单后未完成付款的订单状态。

在卖家中心首页依次点击"Order management"—"My Order"—"Unpaid"即可查看所有未付款的订单,如需查看某未付款订单的详细信息可点击"Check Details"(查看订单详情),如图 7-1 所示。

图 7-1　未付款的订单状态

二、"To ship"（待发货订单）

"待发货订单"即买家已付款完成，等待卖家发货的订单状态。

在卖家中心首页依次点击"Order management"—"My Order"—"To ship"可查看所有待发货的订单。卖家可点击"View Sipping Details"查看发货详情，如图 7-2 所示。

图 7-2　"待发货订单"状态

三、"Shipping"（运送中的订单）

"运送中的订单"即卖家已完成发货，正在运送途中的订单状态。

在卖家中心首页依次点击"Order management"—"My Order"—"Shipping"，可查看所有运送中的订单信息，如图 7-3 所示。如需查看某运送中订单的详细物流状态可点击"Check Details"，如图 7-4 所示。

图 7-3　"运送中的订单"状态

图 7-4 "运送中的订单"物流状态

四、"Completed"（已完成的订单）

"已完成的订单"即买家收到货后点击确认收货的订单状态，如有买家一直未确认收货，系统会自动确认收货。

在卖家中心首页依次点击"Order management"—"My Order"—"Completed"可查看所有已完成的订单信息，如图 7-5 所示。卖家还可以点击"Rate"（评价）按钮评价买家，对于每一笔订单卖家可以选择给予 1～5 星评价并发表评论，如图 7-6 所示。积极评价你的买家，有可能获得买家更多订单回评。

图 7-5 "已完成的订单"状态

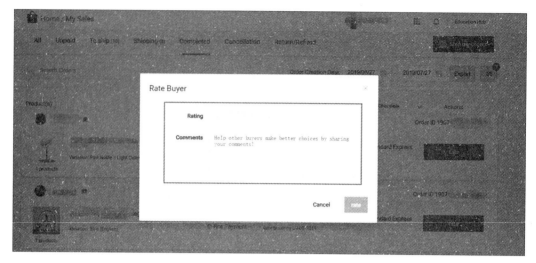

图 7-6　评价买家

同时,卖家还可以点击"Completed"(已完成订单)按钮,如图 7-7 所示,查看该笔订单的订单收入明细,如图 7-8 所示,该笔 "Merchandise Subtotal"(产品金额)为 15.90 林吉特,卖家需要支付"Shipping Subtotal"(总运费)为 2.85 林吉特,"Fees & Charges"(信用卡手续费)为 1.19 林吉特,最后 "Order Income"(订单收入)等于 11.86 林吉特。

图 7-7　进入查看订单收入界面

图 7-8　单笔订单收入详情

点击"See Income Details"（查看收入详情）可以查看订单付款详情,如图 7-9 所示,
"Buyer Payment"（买家支付金额）为 19.70 林吉特,等于"Merchandise Subtotal"15.90 林
吉特加上马来西亚 A 区 "Shipping Fee Paid By Buyer"（固定运费）3.80 林吉特。

图 7-9　订单付款详情

注意:关于 SLS 运费收费标准和买家支付固定运费规则请参照第五章"物流配送"。

五、"Cancellation"（已取消的订单）

"已取消的订单"即订单完成前被买家或卖家取消的订单状态。

在卖家中心首页依次点击"Order management"—"My Order"—"Cancellation",可查
看所有已取消的订单信息,如图 7-10 所示。如需查看某已取消订单的详细物流状态,可
点击"Cancelled"（已取消）,如图 7-11 所示。该笔订单取消原因为"The order has been
cancelled as buyer failed to make payment on time"（买家超时未付款系统自动取消）。

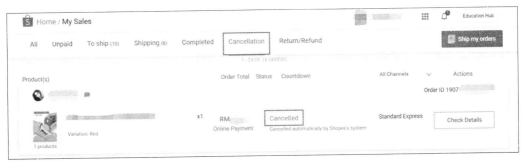

图 7-10　"已取消的订单"状态

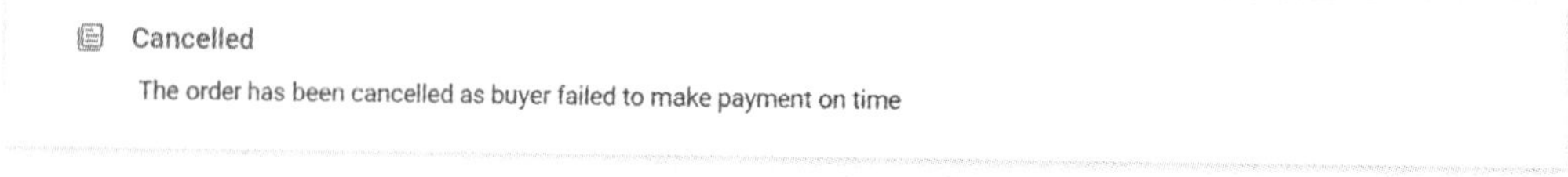

Cancelled
The order has been cancelled as buyer failed to make payment on time

图 7-11　订单取消原因

除上述原因外,常见的取消订单原因还有:未及时发货系统自动取消,货物在送至仓库前买家主动取消。其中未及时发货系统自动取消与卖家在后台设置的"DTS 发货时间"有关,发货时间设置完成后卖家需要按照发货时间要求在规定的发货时间内把订单货物寄送到仓库中并被仓库扫描完成。目前 SLS 发货时间由卖家先在后台自动设置,详见第三章"卖家中心"后台设置中的物流中心设置。卖家需要在设定的出货时间("DTS")前把货寄送到仓库并完成仓库扫描。

六、Return/Refund（发送退货/退款的订单）

Return/Refund(发送退货/退款的订单)即买家申请退款/退货的订单状态。在卖家中心首页依次点击"Order management"—"My Order"—"Return/Refund"可查看所有发送退货/退款的订单信息,如图 7-12 所示。卖家可以点击"Check Details"进入订单详情界面查看该订单产生退款/退货的原因。

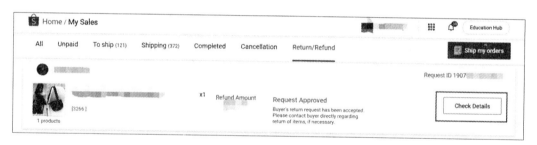

图 7-12　退货/退款的订单状态

第二节　订单议价

Shopee 平台设有"聊聊"功能,买卖双方可以利用该窗口商议产品价格。在卖家中心首页依次点击"Shop Management"—"Shop Settings"—"Allow Negotiations"开启议价功能,如图 7-13 所示。

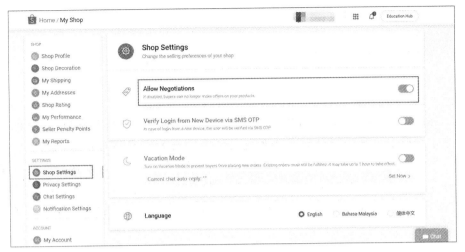

图 7-13　开启议价功能

议价功能开启后,买家可以通过"聊聊"针对某产品向卖家提出议价申请。卖家可以在"聊聊"窗口点击"Click to view"查看买家的最新议价申请,然后选择"Decline"(不接受)或者"Accept"(接受)对新议价做出回应,如图 7-14 所示。点击接受后的产品买家可以按照议价成功的价格下单。

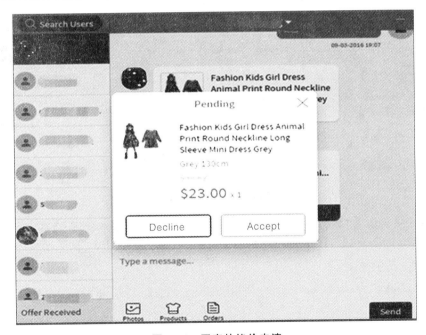

图 7-14　买家的议价申请

第三节　订单发货

买家下单后,卖家可以通过订单管理界面完成发货操作,一个订单可以使用单个产品发货,两个或两个以上的订单可以使用批量产品发货。

一、SLS物流订单单个产品发货

(1)在卖家中心首页依次点击"Order management"—"My Order"—"To ship"查看待发货订单。选择"To Process"(查看待处理订单),点击右侧"Arrange Shipment"(安排发货),如图7-15所示。

图 7-15　SLS物流订单单个产品发货

(2)在弹出对话框窗口中,点击"Print Waybill"(打印面单)按钮,打印出相应订单的面单,如图7-16所示。

图 7-16　发货操作示例

(3)卖家将货物按要求进行打包,并寄往相应的仓库。收到货物后仓库扫描面单,货物状态会由"To Ship"(待发货状态)自动转换为"Shipped"(已发货状态)。

二、非SLS物流订单单个产品发货

非SLS物流的订单需要按照SLS物流订单单个产品发货。发货步骤为:点击发货后,卖家需收到并填写第三方物流公司的订单编号,目前Shopee支持的第三方物流公司有LWE(利威国际物流)、CK1(出口易)、中邮小包,图7-17所示订单采用LWE,需要填写LWE物流单号。其中该单号需要从LWE官网或者联系LWE客服获取。非SLS物流的订单编号的获取和物流对接需卖家自行操作,Shopee 只负责官方物流 SLS 的对接。

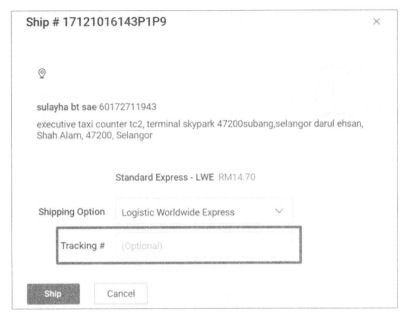

图 7-17　非 SLS 物流发货操作示例

三、SLS 物流订单批量发货

针对两个或两个以上的订单,卖家可以使用批量发货的方法完成发货操作,具体步骤如下。

(1)在卖家中心首页依次点击"Order management"—"My Order"—"To ship"查看所有待发货的订单,选择"To Process"(查看待处理订单)然后点击右侧"Arrange Shipment"(安排发货)按钮,如图 7-18 所示。

图 7-18　SLS 批量发货界面

(2)点击右上角"Ship my orders"(订单发货)进入订单发货详情界面,如图 7-19 所示。在订单发后详情界面中点击右侧"Download Shipping Documents"(下载发货面单文档),然后勾选需要批量发货的所有订单。同时,右侧可选择下载"Air Waybill"(发货面单)用于贴在待发货产品的外包装上,发送至买家手中,"Picklist"(拣货清单)用于检查本次批量操作完成发货的订单,如图 7-20 所示,"Packing List"(包裹清单)用于发货时检查确保每个订单内的产品齐全,也可下载,打印置于包裹内方便买家收到货后检查产品数量,如图 7-21 所示。

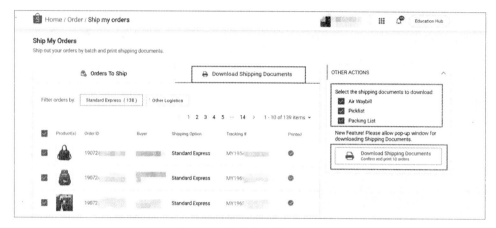

图 7-19　批量发货操作示例

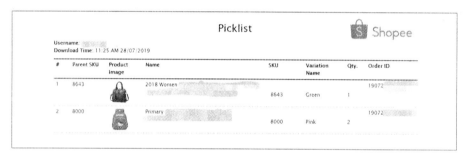

图 7-20　拣货清单

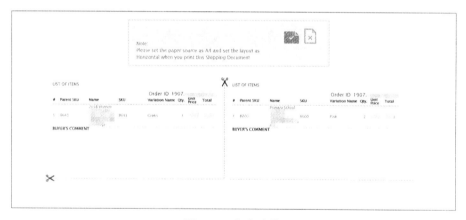

图 7-21　包裹清单

四、出货时间

Shopee 对每个订单发货时间有严格的要求,卖家需要在设定的发货时间内把货寄送到仓库并被仓库扫描完成,目前 SLS 发货时间由卖家在卖家中心自行设置,具体操作为在卖家中心依次点击"Shop Management"—"Shop Settings"—"My Shipping"。

五、SLS 订单面单制作规范要求

(1)标签大小：10 厘米×10 厘米。

(2)SLS 单号和条码清晰且唯一。

(3)包含目的地市场代码。

(4)SLS 渠道准确且唯一。

(5)P/T 货标志准确。

(6)SLS 标签条码要求：①条码要清晰且不能太小，②条码部分不能折叠或覆盖。

SLS 面单样例及各部分详解，如图 7-22、表 7-1 所示。

图 7-22　SLS 面单样例

表 7-1　SLS 面单样例各部分详解

序号	描述	备注
1	Shopee 订单号（Order ID）	从 Shopee.orders.GetOrderDetails 接口中获取"订单编号"字段返回值
2	SLS 物流追踪号和相应条码	面单右上角是 SLS 物流追踪号的最后 5 位，条码制式：128
3	头程物流商	从 Logistics-shopee.loistis.GetOrderLogistics API 获取 first_mile_name 的值
4	尾程物流商	从 Logistics-shopee.logistics.GetOrderLogistics API 获取 last_mile_name 的值
5	产品类型：T（特货），IP（普货）	系统根据产品品类自行判断是普货还是特货，需要先获取 tracking number，之后，卖家从 shopee.order.GetOrderDetails 接口或者 Logistics.shopee.logistics.GetOrderLogistics 接口获取 goods_to_declare 字段；若为 False，则打印"P"；若为 True，则打印"T"。此值打印设置为：字号 82，粗体
6	Lane code × S 代表 Shopee ＋目的国（地区）	从 Logistics-shopee.logistics.GetOrderLogistics 接口获取 lane-code 字段返回值
7	买家姓名、地址及电话号码	调用接口 Order-shopee.order.GetOrderDetails 获取 full_address 字段信息
8	转运仓编号及地址	可为空
9	产品三级品类×数量	从 Shopee.order.GetOrderDetails 接口获取 Items 中的字段信息
10	Shopee 提供的服务号码	从 Logistics-shopee.logistis.GetOrderLogistics 接口获取 service_code 字段，此值打印设置为：字号 100，粗体，建议宽度大于 4 厘米

六、SLS 物流包装及寄件要求

（一）包装方法

发往 SLS 仓库的订单包裹，须依据如下规定包装打包。

第一层包装，即最里面一层包装，是顾客最终收到的包裹，需要在包裹上面贴上 SLS 面单。

第二层包装，即发往 SLS 仓库的包裹，需要在第一层打包好的包裹外，再打包一层包装，贴上寄往 SLS 的快递面单（寄往 SLS 仓库的快递需卖家自行联系）和标志卡，如表 7-2、图 7-23 所示，寄往相应仓库。

表 7-2　标示卡模版表

公司全句	
发货市场英文缩写	
包裹内件数	

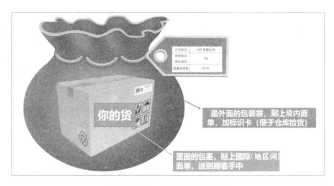

图 7-23 包裹打包示例

注意：一个订单只能打包一个包裹，一张面单只能贴在一个包裹上，否则会被仓库视为异常件退回。

（二）打包要求

卖家可将多个包裹打包寄往 SLS、LWE 和 CK1 的转运仓库，包裹的包装须符合如下要求。如图 7-24、图 7-25 所示。

（1）用结实的包装材料包装，以防破损。

（2）不能使用透明袋包装。

（3）包装胶带不能盖住 SLS 标签。

（4）尖锐物件需用坚固纸箱包装。

（5）每个 SLS 包裹均必须是独立包裹，不能将多个 SLS 包裹缠绕一起。

（6）如果是会发出声响和光亮的电子产品，请确保电源已经关闭并且不会在运输途中发出声响和光亮。

（7）不能超过单个包裹尺寸、重量限制。

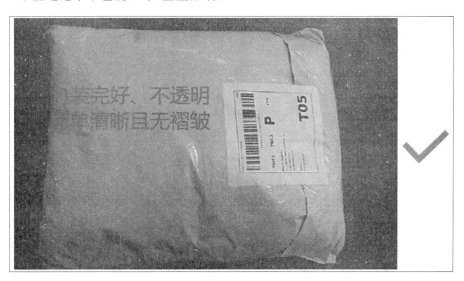

图 7-24 寄往仓库 SLS 物流订单的包装规范 1

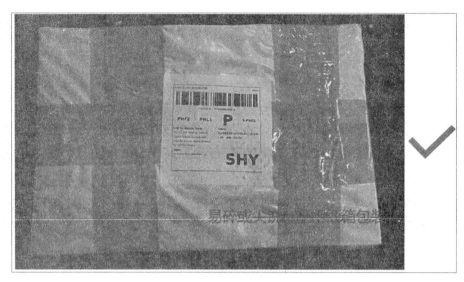

图 7-25　SLS 物流订单包装规范 2

包装不规范样例如图 7-26 所示。

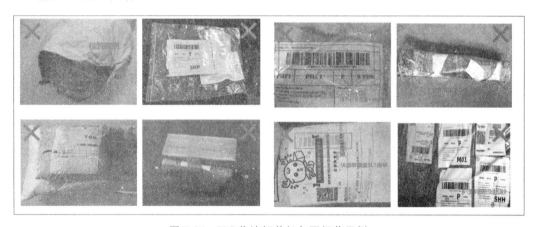

图 7-26　SLS 物流订单打包不规范示例

（三）装袋及袋子要求

（1）以同一个市场为收货地址的包裹须装在同个运输包裹内（邮包袋、编织袋、纸箱等），不同市场的包裹请勿混装。

（2）若发货数量不多，不足以分市场装袋时，可用一个大运输袋包装，但须先将目的地是市场的包裹用小包装袋装好，并标志好市场代码（如 SG、MY、ID、PH、TH、VN），如图 7-27所示。

（3）每个运输袋的袋口需要用轧带绑紧，并在运输袋袋口系标志卡，标志卡上要标明市场代码和卖家公司信息。若运输袋是回收重复利用的，务必更换新标志卡，如图 7-28所示。

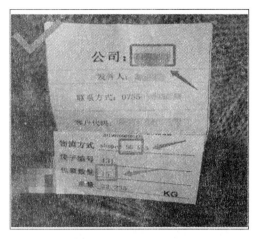

图 7-27　标志卡示意图 1

图 7-28　标志卡示意图 2

（4）快递包装方面为防止面单因长途运输或恶劣天气原因而造成的破损，或拆包人员误拆，须用不透明材料包装好后贴上 SLS 单号，外面再加一层不透明材质包装并粘贴上寄往 SLS 仓库的快递面单。

（四）常见异常包裹情况

（1）SLS 收货仓库只扫描 SLS 物流渠道的包裹，不得将其他渠道（如邮政、顺丰等）的货发至仓库。

（2）违禁品指纯电池、指甲油、充电宝、玩具枪、刀等物品。

（3）无头件是指没有面单或面单破损的包裹。

（4）超材积重（长度或重量超过该市场寄递范围），详见第五章"Shopee Logistics Service 物流渠道特殊限制及规定"。

SLS 物流包
装及寄件常
见问题

七、SLS 物流订单发货流程

（一）SLS 物流订单发货流程及地址

SLS 物流订单发货流程为服务卖家先将包裹寄送至 SLS 物流仓库；仓库扫描包裹后开始国际段运送；最后到达目的地，当地的尾程物流商完成尾程派送工作。

SLS 物流指定
仓库寄送地址
和联系方式

（二）SLS 为卖家提供的免费上门收件服务

如果卖家符合以下要求，Shopee 可以提供免费上门收件服务。

1. 深圳、东莞、广州地区的卖家

（1）日均已完成订单量 200 单及以上。

（2）卖家整体平均出货到仓时效需小于 2.5 天。

（3）卖家整体预售产品占比小于 10%。

（4）未能达到该标准的卖家将不能继续享受免费揽收服务。

2. 华东地区的卖家

（1）日均已完成订单量 100 单及以上。

（2）卖家整体平均出货到仓时效需小于 2.5 天。

（3）卖家整体预售产品占比小于 10%。

（4）未能达到该标准的卖家将不能继续享受免费揽收服务。

第四节　延长收货时间

若由于产品从转运仓寄往买家手中的物流运输时间较长，订单临近系统自动确认收货时间，但此时买家仍未收到货物，买家有权延长收货时间。买家可以进入订单详情界面，点击最底端的"Extend Shopee Guarantee"（延长收货时间）按钮即可以延长收货时间，如图 7-29 所示。

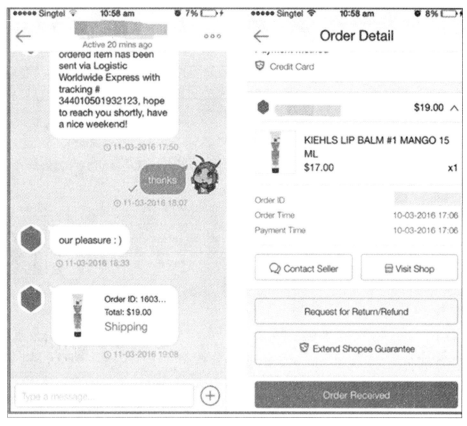

图 7-29　买家延长收货时间示例

第五节　退货/退款订单

一、如何处理退款/退货请求

买家点击"确认收货"前可以在 Shopee 平台就以下情况提出退款/退货请求。

（1）买家没有收到货物。

（2）买家收到跟订单不符的产品（如尺码、颜色、品类与订单不符）。

（3）买家收到损坏或有瑕疵的产品。

　　买家发起申请后,该订单会进入"Return/Refund"(退货/退款订单)状态,同时卖家会收到邮件提醒退货/退款,卖家可点击"Respond"(回应)按钮,进入订单详情界面查看买家申请退货、退款理由。

　　(4)对于同意买家退货/退款申请的订单,卖家可以点击"Refund"(退款)给买家退款。对于需要提出争议的订单可以选择"Submit Dispute to Shopee"(向 Shopee 提出争议),申请 Shopee 售后客服介入处理,如图 7-30 所示。

　　注意:卖家需要在指定时间完成 Respond 回应操作,否则系统会自动同意退款给买家。

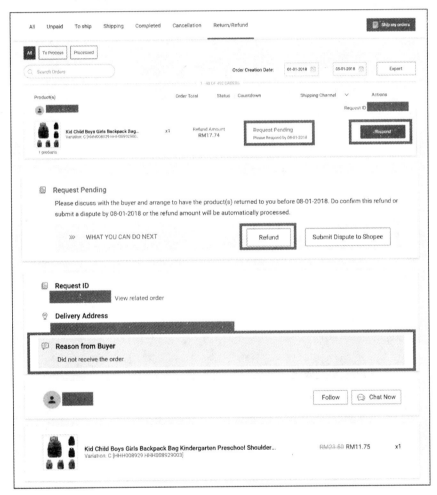

图 7-30　退货/退款订单回应界面

二、常见退货/退款问题

(一)买家申请部分退款应该怎么处理?

　　除泰国市场外,其他所有市场可在买家申请退款后拒绝退款,由当地客服介入操作部分退款,泰国暂时不提供部分退款服务。

（二）怎么将其他市场的包裹退回中国内地？

1. 马来西亚市场

马来西亚市场的包裹暂时无法通过 SLS 退回中国内地，卖家需要与买家共同协商退货方式及费用分担，再实施退货。

2. 印度尼西亚、泰国、菲律宾、新加坡、越南市场

非货到付款满 20 美元及以上金额的订单可以退回，但是需要卖家同意，并且卖家需要支付 8 美元的退货运费；20 美元以下的订单不提供退回服务。

3. 印度尼西亚、泰国、越南市场货到付款订单

20 美元及以上金额的订单，因买家不收货造成的退回，目前 Shopee 平台免收退货费用，退回至卖家；20 美元以下的订单，将不提供该服务。

第六节　订单评价管理

交易完成后，买家和卖家可相互给予评价。

一、查看及回复买家评价

在卖家中心依次点击"Shop Settings"—"Shop Rating"可以查看所有买家评价，同时卖家可点击对应订单右侧"Reply"（回评）给你的买家评分，如图 7-31 所示。

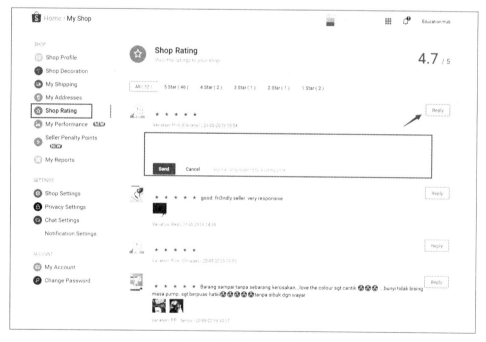

图 7-31　发起买家评价

买家须在 15 天内对本次交易进行评价，否则系统会自动默认该订单未评价，建议卖家在交易完成后积极评价你的买家，有可能会获得更多买家回评。

三、买家修改评价

(1)若有买家给予了差评,建议卖家及时与买家协商修改评价,买家评论后 30 天内有 1 次修改机会。

(2)买家修改评价步骤为:在 Shopee 首页点击"Me"进入买家后台,然后依次点击 "Purchase"—"Shop Rating"—"Change Rating",修改评价之后点击确定修改即可,如图 7-32所示。

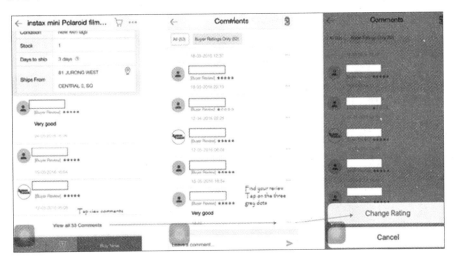

图 7-32　买家修改评价

📍 本章小结

本章主要学习了如何在 Shopee 卖家中心完成店铺订单管理,主要内容有订单状态查询、订单议价、订单发货、延迟收货时间,退货退款订单流程和订单评价管理。

订单管理常见问题可扫描二维码。

订单管理

常见问题

本章习题

第七章习题

第八章

客服管理

【学习要求】 理解聊聊工具、小语种服务等客服管理的方法。

【学习难点或重点】 理解、掌握和积累客服运营技巧。

为了增进交易双方的交流，Shopee 平台提供了聊聊工具，方便卖家解答买家售前、售中、售后等交易过程中的疑问，从而促成交易、提高买家的忠诚度。同时，针对印度尼西亚、泰国和越南等小语种市场，平台也提供了小语种解决方案，助力卖家顺利出海。

售后管理

第一节 聊聊工具介绍

一、聊聊工具概述

聊聊工具（英文版为"Chat"）是 Shopee 为买卖双方提供的用以沟通的主要工具，卖家可以通过聊聊解答买家对产品信息的询问，从而提高产品转化率；当任何售后问题发生时，买卖双方也可以使用聊聊及时协商解决。卖家可以在卖家中心后台点击"Chat"进入聊聊后台，如图 8-1 所示。

图 8-1 点击进入聊聊工具

点击"Chat"后可以进入聊聊界面,如图 8-2 所示。可直接通过"Search name"(搜索名称)搜索历史买家聊天记录,或查看最近聊天的买家。

图 8-2　聊聊界面详情

二、聊聊工具的主要功能

聊聊工具主要有以下功能。

(一)添加粉丝

添加粉丝目前只能通过 Shopee 手机 APP 端实现,如使用 Shopee 马来西亚市场 APP 登录账户后,打开你需要关注的店铺账户首页,点击"Follow"(关注)即可成为它的粉丝,如图 8-3 所示。

图 8-3　关注店铺

（二）使用聊聊工具开启议价功能

操作指南详见第三章"卖家中心介绍"，具体可点击"Shop Management"—"Shop Settings"—"Allow Negotiations"。

（三）发送消息

利用聊聊可向买家发送文字、表情、图片等形式的订单信息和产品信息等。点击卖家中心首页右下角聊聊窗口，可看到买家发送的即时信息，如图 8-4 所示，然后进入聊聊对话框，其中包含以下部分：①标志 1 为买家列表，可选择回复不同买家的问题；②标志 2 为文字输入区，可输入不同的文字发送给买家；③标志 3 其他快捷功能可以直接发送表情、图片等形式的店铺产品信息、订单等。

图 8-4　聊聊聊天对话框

（四）设置快捷回复

操作指南详见第三章"卖家中心介绍"，具体可点击"Shop Management"—"Shop Settings"—"Chat Settings"。

1. 什么是聊天回复率及其计算

聊天回复率是指收到买家留言 12 小时内卖家回复买家的频率，具体计算公式为

聊天回复率＝收到留言 12 小时内卖家回复的次数÷买家留言或议价总次数

其中卖家的回复包括回复买家提问、接受或者拒绝买家议价，而系统自动回复不计算在内。

Shopee 平台根据如下两个口径计算卖家店铺的聊天回复率。

（1）过去 30 天内收到的买家留言和议价。

（2）卖家收到的最新 10 条买家留言和议价。

系统每天两次更新聊天回复率，分别是中午 12 点及凌晨 12 点。

2. 聊天回复率的重要性

（1）较低的聊天回复率会影响店铺综合评分，导致无法评选为优选卖家或升级为商城卖家等。

（2）聊天回复率在前台店铺首页显示为"Chat Performance"，如图 8-5 所示，因此较高的聊天回复率会吸引买家关注店铺和下单购物。

图 8-5　店铺聊天回复率买家端显示

第二节　小语种客服解决方案

为了给买家提供更好的购物体验,便利卖家与买家之间的沟通,Shopee 平台已为小语种市场的卖家配备客服服务,详细信息如下。

马来西亚、新加坡、菲律宾市场的通用语言都是英语,卖家须自行为买家提供客服服务。

泰国、印度尼西亚、越南市场的通用语言分别是泰语、印尼语、越南语,Shopee 为这 3 个市场提供了小语种自动翻译功能。

一、聊聊自动翻译功能

(一)聊聊自动翻译功能简介

为了提高卖家与买家沟通效率并提升用户体验,Shopee 已上线聊聊自动翻译回复功能,该功能可实现小语种市场印尼语、泰语、越南语和英语之间的即时转换,从而大幅提升卖家回复效率。

若卖家需继续使用平台提供的人工客服服务,可向所属客户经理申请,同时向 Shopee 支付每月 2% 的服务使用费,该笔服务使用费,是平台佣金之外的 2%,收取基数跟平台佣金一致,为上月已完成订单的总收入扣除订单运费的总金额,并且购买该服务最短时限不少于 3 个月。

(二)聊聊自动翻译操作

(1)登录印度尼西亚、泰国、越南市场卖家中心更改"Webchat"(聊聊网页版)的界面语言设置,将语言设置成英文或中文。

(2)Webchat 印度尼西亚、泰国、越南登录方式如下。

ID:https://seller.shopee.co.id/webchat/login。

TH:https://seller.shopee.co.th/webchat/conversations。

VN: https://banhang.shopee.vn/webchat/conversations。

用户名和密码与卖家中心一致,如图 8-6 所示。

图 8-6　Webchat 登录界面

(3)卖家和买家聊天时,小语种语言会自动被翻译成英文。卖家输入英文也会被翻译成对应市场的小语种语言。为了保证翻译的准确性,请卖家务必确保使用正确的英文拼写和语法。

(4)如果卖家想要关闭此项自动翻译功能,请点击设置按钮"　　　",然后点击"Chat Setting"(聊聊设置),可以关闭"Translation Assistant"(自动翻译设置),如图 8-7、图 8-8、图 8-9 所示。

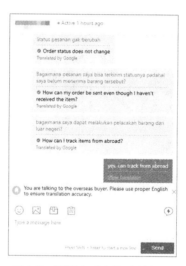

图 8-7　聊聊自动翻译功能界面

图 8-8　聊聊自动翻译设置

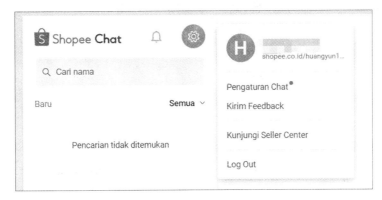

图 8-9　关闭自动翻译界面

第三节　客服运营技巧

卖家可通过 Shopee 聊聊工具在售前吸引买家进入店铺,售中解答买家疑虑促成下单,售后解决出单后产生的问题,提高订单好评率。

一、售前客服

售前客服可增加店铺产品的吸引力,让买家对你的产品产生购买兴趣。买家可以在聊聊中设置自动回复,并在回复中内置优惠券,宣传店铺活动信息等,如图 8-10 所示。

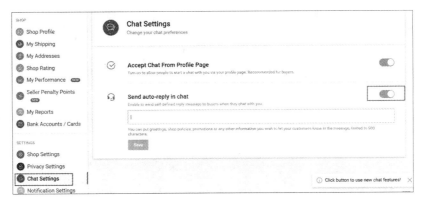

图 8-10　聊聊自动回复设置界面

二、售中客服

售中服务,即买家在下单过程中可能会对店铺产品功能使用或价格产生疑问,卖家除了可以通过聊聊发送文字解释产品功能等问题外,还可以开启议价功能允许买家对想要购买的产品进行议价等,从而解决买家疑虑促成下单。同时卖家还可以通过吸引买家成为店铺粉丝,进而成为店铺老客户。

(一)允许买家议价

买家可通过聊聊提出议价申请,对产品进行议价,如果卖家同意降低产品的价格,则达成议价。

首先,卖家须在聊聊中开通议价功能,在卖家中心"Shop Settings"(卖场设定)中开启"Allow Negotiations"(接受议价)功能,如图8-11所示。

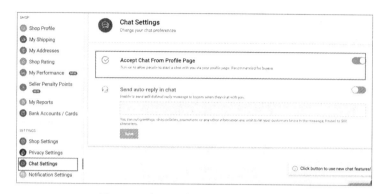

图8-11　在聊聊中开通允许议价功能

其次,当买家提出议价申请时,卖家点击"Click to view"(查看议价)可看到买家的最新价格提议,卖家可以选择"Decline"(拒绝)或者"Accept"(接受)。在交易完成之前,买家可以进行多次议价,如图8-12所示。

图8-12　拒绝买家议价

(二)吸引买家成为店铺粉丝

成为店铺粉丝后买家会收到该店铺上新、打折等活动的站内信,进而吸引店铺流量提升流量下单转化率。常用的吸粉方法如下。

1．主动关注

卖家可以主动关注那些已经关注销售同类产品店铺的用户,被你关注的用户会收到平台的自动推送信息告知有新的关注者,买家收到关注信息后可以通过该信息查看你的店铺产品,如果该用户喜欢你店铺的产品有可能会关注你的店铺,成为你店铺的粉丝。

2．互动圈粉

东南亚买家比较喜欢社交,卖家可以借助聊聊每次与买家聊天的机会,邀请买家关注店铺。

3. 设置粉丝优惠

设置粉丝优惠是指，通过鼓励买家为产品点赞或者关注店铺，在下次购买时给予折扣或礼品作为奖励的优惠方式。

操作步骤如下。

(1)在后台设置一个隐藏优惠券，不要选择"显示给用户"即可，如图 8-13 所示。

(2)在店铺首页描述、轮播图中告知活动信息，如关注店铺可以获得优惠券，如图 8-14 所示。关注后请买家通过聊聊发送截图，然后通过聊聊把图 8-13 设置的隐藏优惠券的优惠码发送给买家即可。

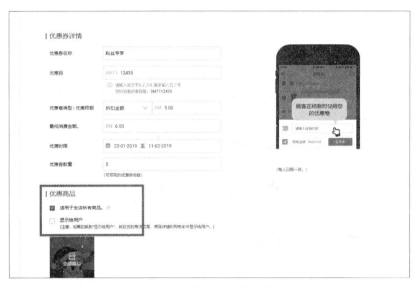

图 8-13　设置隐藏优惠券

图 8-14　在店铺首页中展示关注有礼信息

三、售后客服

售后服务,即买家收到货之后对订单的评价。

签收货物后,买家须在 15 天内进行评价。建议卖家在每次交易完成后及时鼓励买家给予好评。若有买家给了差评,建议卖家及时与买家协商修改评价,买家评价后 30 天内有 1 次修改评价的机会。若卖家遭遇恶意差评,卖家可以向所属客户经理或者致电平台客服进行申述,由平台介入处理。

若当地买家对订单售后有任何疑问,卖家可以建议买家以电话或者邮件的形式咨询当地客服,Shopee 各市场当地客服联系邮箱和电话分别如下。

(1)马来西亚市场

邮箱:support@shopee.com.my。

电话:60-03-22989222。

(2)新加坡市场

邮箱:support@shopee.sg。

电话:65-62066610。

(3)印度尼西亚市场

邮箱:support@shopee.co.id。

电话:60-021-39500300/1500702。

(4)泰国市场

邮箱:support@shopee.co.th。

电话:66-020178399。

(5)菲律宾市场

邮箱:support@shopee.ph。

电话:63-028805200。

(6)越南市场

邮箱:support@shopee.vn。

电话:北部——84-024-7305122。

南部——84-028-73020079。

📍 本章小结

本章主要学习了 Shopee 聊聊工具使用方法,小语种客服解决方案,以及客服使用技巧。利用 Shopee 卖家中心提供的聊聊工具,卖家可以实现店铺客服管理。

本章习题

第八章习题

第九章

店铺运营

【学习要求】 理解店铺引流和转化率。

【学习难点或重点】 掌握店铺引流和转化率的各种方法。

本章介绍卖家日常店铺运营的两大任务:增加店铺流量和提高店铺转化率,它们是提高成交量的关键。

第一节 提高店铺流量

店铺流量即通过由平台引入店铺的买家数量,进入店铺的买家数量越多即店铺流量越大,产品被曝光的次数即越多,买家产生下单的概率就增加,卖家可以通过获取平台内流量的方法提高店铺流量。平台流量主要来源于搜索流量和新上架产品流量扶持。

店铺运营与推广

一、获取搜索流量

买家通常会在首页通过搜索关键词的方式查找想要购买的产品,关键词即是卖家获取搜索流量的重要来源。

卖家可以通过查看对应市场的首页搜索栏的下方,根据实时更新的买家热搜词,了解消费者近期热搜产品和各市场流行趋势。如图 9-1 所示,马来西亚市场此时买家热搜产品有"Women's backpack""Women's Handbag"和"Kid's School Bag"等。

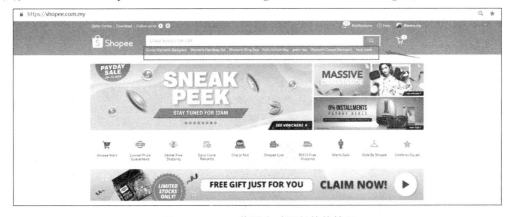

图 9-1 Shopee 首页实时更新的热搜词

马来西亚市场
热搜词分享样例

同时 Shopee 每周会通过邮件(发送至注册 Shopee 时填写的邮箱)向卖家发送各市场热搜词、热销产品、热门标签,帮助卖家更好地了解东南亚市场选品趋势。

二、新上架产品流量扶持

为了更好地让新卖家发展,平台会对新上架的产品有流量扶持政策,因为卖家可以通过小批量分时段上传产品和使用"Boost"功能置顶推广产品的方法获取上新流量。

(一)小批量分时段上传产品

印度尼西亚市
场热搜词分享
样例

每天分时段小批量上新产品,这种操作会使该新产品在同类的搜索排名结果中处于靠前的位置,有利于店铺持续曝光。

而在各市场流量高峰期上传产品更有利于产品曝光,如新加坡市场 20～24 点下单人数最多,泰国市场是 13～15 点,马来西亚市场是 14～16 点,印度尼西亚市场则是每天 10～12 点下单的人数最多,在买家活跃时段上新,可以提高产品的曝光率。

(二)置顶推广功能 Boost

Shopee 在每个市场都为卖家提供了免费的置顶推广产品的功能"Boost"(推广),卖家可以在卖家中心依次点击"Product Management"—"My Products"—"ALL",在所有已上架的产品中选择任意一款需要置顶的产品,点击"Actions"(操作)按钮,选择"Boost Now"(立即推广),则会将该产品置顶在对应分类界面靠前的位置进行展示,如图 9-2 所示。

图 9-2 置顶推广功能界面

(三)推广建议

(1)每 4 小时最多可选择曝光 5 款产品。

(2)建议选择已经上架时间较久、平时流量不佳的产品进行 Boost 推广置顶,可以为该类产品重新带来流量。

三、日常活动引流

（一）参加平台活动

Shopee 各市场卖家中心的"我的行销活动"会定期推出各种活动,卖家可报名参与,争取更多的曝光机会,如图 9-3 所示。

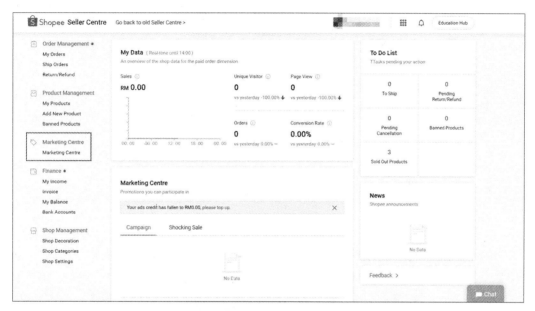

图 9-3 进入"我的行销活动"界面

在"我的行销活动"界面中,选择"我的促销活动"进入"我的促销活动"界面,如图 9-4 所示。

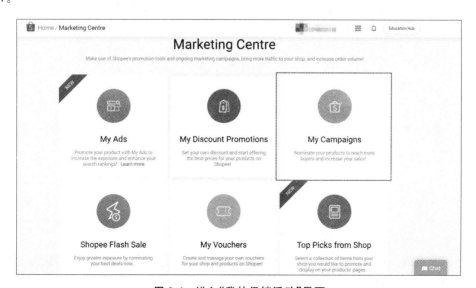

图 9-4 进入"我的促销活动"界面

在"我的促销活动"中,会不定期开放不同时间、不同内容的主题活动,卖家可在后台按照活动要求报名,报名结束后会进入审核,审核通过的产品将会在活动时间参加此活动,如图9-5所示。

图9-5 "我的促销活动"审核界面

"我的促销活动"报名技巧为申请报名活动时一定要严格遵循活动主题、产品品类、价格、库存、折扣力度等各方面要求,在满足这些条件的产品中首选销量高、好评多,并且有价格优势的产品。

（二）全年节日促销活动

Shopee各市场全年大促日历如表9-1所示。

表9-1 Shopee各市场大促日历

月份	节日	市场
1月	元旦节	SG、VN、TH、ID
	儿童节	TH
2月	春节	SG、MY
	情人节	TH、MY、PH
3月	女神节	TH、MY、PH
4月	泼水节	TH
5月	母亲节	SG、MY、ID、VN、PH

6 月	斋月	MY、ID
	儿童节	VN、PH
	父亲节	VN、MY
8 月	母亲节	TH
	返校节	ALL
9 月	"9·9"超级购物节	ALL
10 月	"10·10"超级购物节	ID
	万圣节	ALL
11 月	"11·11"超级购物节	ALL
	水灯节	TH
12 月	"12·12"Shopee 生日大促	ALL
	圣诞节	ALL
	父亲节	TH

在每年下半年 Shopee 全站点开启"9·9""11·11""12·12"大促。在各大促期间，Shopee 在当地市场同时开展线上线下广告推广，给卖家带来流量的剧增。

四、粉丝营销引流

（一）粉丝营销概述

粉丝是店铺自然流量和订单的重要来源。在店铺运营的初期，增加店铺粉丝量尤为重要。当店铺拥有一定粉丝量之后，卖家可以定期策划一些店铺主题活动，同时主动和买家互动宣传；还可以设置一些主题活动专用的折扣券展示在店铺首页，吸引买家购买。丰富多彩的店铺活动不仅有利于提高买家回购率，而且能够吸引新客源。

（二）增加店铺粉丝的方法

卖家在日常运营店铺时应重视粉丝营销，可以通过以下几种方法不断增加店铺粉丝。

（1）主动关注

卖家可在 APP 上搜寻同类热门卖家，并主动关注这些卖家及其现有粉丝，留意目标用户群体，目前粉丝上限为 5000 位。

（2）买家互动圈粉

重视每一次和买家进行沟通的机会，及时回复聊聊信息，提高顾客转化率和留存率。

（3）粉丝优惠

卖家可鼓励买家为其产品点赞或者关注店铺，并在下次购买时给予折扣或礼品作为奖励。

除以上方法外还可以使用"Paid Ads"关键词广告提高店铺流量来源，关键词广告使用方法详见第十章"关键词广告"。

第二节　提高店铺转化率

店铺转化率是指进入店铺浏览产品的买家数量和实际下单买家数量的比,提高店铺转化率即让更多的进入店铺的买家在店铺下单,以提高店铺成交量。卖家可以通过店铺优化和产品优化等两个方法提高店铺转化率。

一、店铺优化

店铺优化,即通过对店铺进行产品分类、活动优惠和店铺装修的设置,吸引买家在店铺中完成下单。

店铺类
目规则

(一)优化店铺产品分类

对店铺中的产品按照特性进行分类展示,可以让买家在琳琅满目的店铺产品中快速地找到想要购买的产品,以此提高转化率。下面结合实例介绍几种常用的分类方法。

1.按产品类目分类法

例如垂直类目女装店铺可依据女装二级类目(如上衣、裙子等)进行分类,进一步地还可按照三级类目进行分类,如图9-6所示。

图9-6　按产品类目分类法

2.按场景分类法

即可以根据产品的使用场景对店铺产品进行分类。如家居百货杂货类店铺,首先按照产品所属类目分类,然后按照使用场景进一步分类,如图9-7所示。

在图9-7的举例中,该卖家将家居产品按照使用人群分为"Kids"(小孩使用产品),按照使用时间分为"Travel"(旅游使用产品),按照使用用途分为"Housekeeping"(家务使用产品)等场景化分类,卖家可以更清晰地定位产品,方便买家按类别进行搜索,提升买家的购物体验,提高一单多件转化率,因此杂货类店铺使用场景分类法尤为重要。

3.按店铺活动自定义分类法

卖家可根据店铺中正在参加的活动,自定义某个类目下所有产品为某活动类目。把该活动类目置顶在店铺其他类目之上,可以吸引进入店铺的买家参加该店铺活动。如

图 9-8 举例中,店铺可自定义"Limited Time Promo"(限时折扣活动)类目,并选择店铺中某些产品在某个时间段给予特定的价格优惠,从而吸引买家下单。

图 9-7　按场景分类法

图 9-8　按店铺活动自定义分类法

4. 设置主推分类

卖家可以将店铺中最能吸引买家下单的产品设置为一个分类并置顶在店铺分类最上方,所有进入店铺的买家都会最先看到该分类下的产品,我们把这样的分类称为主推分类。

(二)优化促销活动

1. 优惠券的四种类型

按两个标准,优惠券可以分成四类。按优惠方式,分为满减型优惠券和折扣型优惠券;按展示方式分为公开型优惠券和隐藏型优惠券。

(1)满减型优惠券

即单笔订单满××金额减××金额。例如,马来西亚店铺满 299 林吉特减 10 林吉特,如图 9-9 所示。

图 9-9　满减型优惠券

(2)折扣型优惠券

即单笔订单满××金额可以享受××折扣。例如,马来西亚店铺满 499 林吉特享受"20% off"(即八折)的折扣,如图 9-10 所示。

图 9-10　折扣型优惠券

（3）公开型优惠券

即店铺全店通用的优惠券。可以用于店铺首页、产品详情页和购物车页等公开推广宣传窗口，以告知买家领取使用的一种优惠券，适用于全店产品，如图 9-11 所示。

图 9-11　公开型优惠券

（4）隐藏型优惠券

这是指不会显示在任何界面，卖家可以通过聊聊提供折扣码给买家使用的一种优惠券。可以用作关注店铺，为店铺设置吸粉、点赞、好评、分享活动的买家奖品。例如，卖家可以设置一个买家关注店铺后可获取 5 林吉特的店铺优惠券，首先卖家需要在后台设置一个隐藏型优惠券，设置方法见本书第三章第二节"Shopee 后台界面介绍"中的"我的行销活动"，然后在店铺公开告知关注有奖信息，并要求买家在关注后通过聊聊发送关注截图领取优惠券，如图 9-12 所示。

图 9-12　店铺隐藏型优惠券

2. 优惠券的设置

此外，根据不同客单价发行不同满减梯度的优惠券，用于吸引在不同价格段的买家下单。至少可以设置以下 3 种类型优惠券。

（1）低价格段优惠券

该类型优惠券应设置小于等于平均客单价的满减额度，如满 199 林吉特减 10 林吉特，此类型可吸引原本只想购买小于 198 林吉特产品的买家为了达到满减额度而购买比原来更多金额的产品。

（2）中等价格段优惠券

大于等于店铺平均客单价，由于店铺大部分产品价格属于该价格区间，因此可以吸引多数买家使用此类优惠券。

（3）高价格段优惠券

即使店内产品平均客单价较低，由于买家存在一单买多件产品的情况，依然可以设置高价格段优惠券，鼓励买家凑单，当买家在一个订单内购买的产品越多，就可以达到高价格段的优惠券满减额度。

同时各类优惠券的使用，应结合店铺产品价格综合设置，做到具体问题具体分析。

（三）优化店铺装修

店铺装修即对店铺首页展示给买家的位置进行优化，目前可在 Shopee 后台添加的展示内容有店铺名称、店铺头像、店铺轮播图片及视频、店铺信息。

1. 店铺名称

取一个符合店铺产品属性、易搜索的店铺名称可以让潜在的买家更易记住店铺。如母婴店铺"Momo ×××"，如图 9-13 所示。

图 9-13　店铺名称展示

2. 设置专属头像

设置专属头像，利用专属头像加深买家对店铺的记忆，如图 9-14 所示。

图 9-14　店铺头像展示

3. 轮播图片及视频更新

经常更新店铺轮播图片，或增加介绍店铺的视频可以吸引粉丝关注店铺动态，增加买家的留存。图片可选择店铺热卖产品或店铺主题活动设置成的图片等，风格应统一美观，如图 9-15 左侧所示。

4. 提供更多店铺信息

诸如店铺互动宣传、免运信息告知、物流注意事项、客服在线时间等。可以让买家更快速地了解店铺动态信息，同时可以减少因沟通不及时带来的退货退款等情况，如图 9-15 右侧所示。

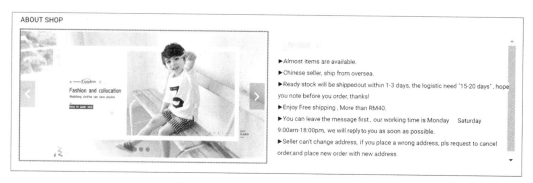

图 9-15　轮播图片展示和店铺描述

二、产品优化

（一）概述

1. 概念

产品优化，是对已经上架的产品进行产品标题、产品描述、产品图片等信息的优化，以更好地向买家展示产品的功能。

2. 特点

一条优质的产品信息须具备的特点：精准的标题、引人注目的图片、吸引人的折扣活动等。

（1）精准的标题：关键词描述准确，如不要把上衣写成裤子，同时应尽可能地增加符合该产品的热搜词。

（2）引人注目的图片：可以吸引人眼球，同时尽可能多地展示产品属性的图片。

（3）吸引人的折扣活动：对已经上架好的产品不定期地设置打折活动，会在前台显示打折标志，如图 9-16 显示了"28％ off"的折扣标志，买家会更喜欢对有折扣的产品下单。

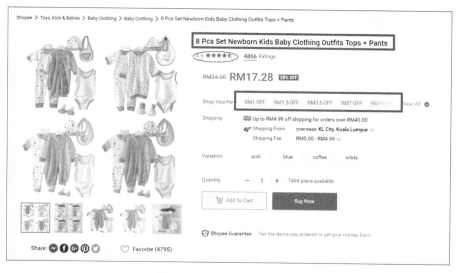

图 9-16　优质产品信息举例

3. 产品信息存在缺陷的情形

产品未设置折扣、标题关键词不相关、产品图片上传较少等都是产品信息存在缺陷的情形,如图 9-17 所示。

图 9-17　产品信息存在缺陷示例

(二)标题和关键词优化方法

(1)上新时可以先在 Shopee 或者其他电商平台的网站搜索当地时下热搜词,并将它们与产品相关的热搜词加入标题中。Shopee 商户管理团队也会每月提供市场周报热搜词供卖家们参考。优秀标题示例如图 9-18 所示。

(2)标题尽量覆盖产品相关热搜词,用空格分开,搜索量大的关键词放在前面。由于手机端显示问题,应注意标题字数的限制。

(3)产品标题更改频率不宜太高,修改内容也不宜过多,一次最好只修改几个词,过多修改会对产品搜索排名产生影响。

(4)建议在流量较小时段(如清晨或半夜)修改标题,减少对产品排名的影响。

图 9-18　优秀标题示例

（三）产品图片优化

1. 主图优化原则

（1）须迎合顾客喜好，促成点击；主图上应包含尽可能多的产品信息，如活动促销信息、赠品信息、产品特征等。

（2）如果产品是多个款式或颜色，主图可采用拼图方式，如图 9-19 所示。如需展示产品细节，可在主图上增加细节图，如图 9-20 所示。

（3）使用场景主图也较受欢迎，如图 9-21 所示。

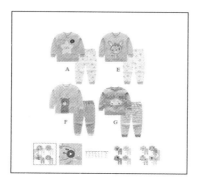

图 9-19　主图拼图

图 9-20　增加细节的主图

图 9-21　增加场景的主图

2. 上传产品图片的规格要求

（1）最多上传 9 张照片，每张尺寸不得超过 2.0 MB。

（2）产品文件格式：JPG、JPEG、PNG。

（3）照片建议尺寸：每张 800 像素×800 像素，保证 9 张图，并注意图片排序；如有小视频更佳。

（4）及时对效果不好的产品主图进行调整。

（四）产品描述优化

可以从以下几方面对产品描述进行优化。

1. 产品描述优化原则

（1）准确描述该产品的材质、大小或尺码、使用人群或场景、使用注意事项。

（2）增加其他可以吸引买家感兴趣或吸引其下单的描述。

（3）可增加表情符号便于阅读。

2．产品优化要求

(1)产品描述字符数须在限制范围内,如马来西亚店铺最多只能填写 7000 个字符。

(2)不可出现违反法律或辱骂他人的描述。

产品描述示例如图 9-22 所示。

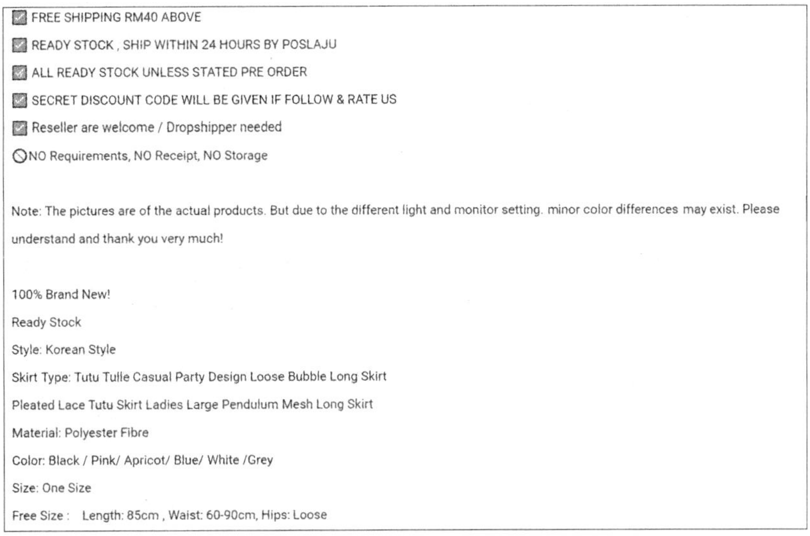

FREE SHIPPING RM40 ABOVE

READY STOCK , SHIP WITHIN 24 HOURS BY POSLAJU

ALL READY STOCK UNLESS STATED PRE ORDER

SECRET DISCOUNT CODE WILL BE GIVEN IF FOLLOW & RATE US

Reseller are welcome / Dropshipper needed

NO Requirements, NO Receipt, NO Storage

Note: The pictures are of the actual products. But due to the different light and monitor setting. minor color differences may exist. Please understand and thank you very much!

100% Brand New!

Ready Stock

Style: Korean Style

Skirt Type: Tutu Tulle Casual Party Design Loose Bubble Long Skirt

Pleated Lace Tutu Skirt Ladies Large Pendulum Mesh Long Skirt

Material: Polyester Fibre

Color: Black / Pink/ Apricot/ Blue/ White /Grey

Size: One Size

Free Size :　Length: 85cm , Waist: 60-90cm, Hips: Loose

图 9-22　产品描述示例

本章小结

　　本章主要学习了 Shopee 店铺运营技巧,卖家可以通过提高店铺流量和提高店铺转化率两种方法达到提高单量的目的。提高店铺流量的方法有经常上新获取上新流量,参加日常活动引流和做好粉丝营销引流;提高店铺转化率的方法有店铺优化和产品优化。

本章习题

第九章习题

第十章

关键词广告

【学习要求】 掌握关键词广告的使用。

【学习重点或难点】 理解广告词原理和规则,掌握基于广告词数据分析改进广告效果的方法。

"本来就有自然流量,为什么还要花钱买关键词广告?""关键词广告的运行原理是什么?""如何设置关键词广告?""关键词广告投放的效果如何检验?"很多卖家对广告都存有诸如上述的疑问。这些问题将一一在本章详细解答。

第一节 Shopee 关键词广告介绍

一、什么是关键词广告

广告优化指南

关键词广告是 Shopee 平台推出的一项能够提高产品在手机 APP 及 PC 端的搜索排名和曝光率的功能。如图 10-1 所示,当买家搜索关键字"watches"时,出现在 APP 端首两位及 PC 端首行的均为关键词广告位,关键词广告位的主图右下角中会显示"广告"字样。

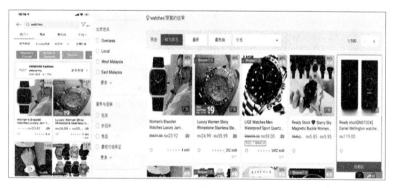

图 10-1 Shopee 关键词广告位置展示

二、为什么要使用关键词广告

投放广告对于卖家店铺来说到底能产生什么神奇的效果? 首先,广告最直接带来的就是流量,店铺访客数因为广告投放会逐渐增多。其次,有了访客,对于店铺来说,就有了把访客变成店铺粉丝或订单的可能,广告对于带动全店单量和提供店铺粉丝的作用也是不可小觑的。再次,如果你不知道使用什么样的主图,上什么样的产品更好,不妨利用广告来帮你完成测试主图和测试产品的工作。最后,投放关键词广告对于产品自然搜索排序也会产生一定的促进作用。

讲了这么多,我们不妨来看一个实际的案例。

美妆在马来西亚市场是一个热门品类,流量非常大,同时竞争也十分激烈。图10-2中所示的新店铺几乎是开店之后立即开始使用广告。在广告优化的 1 个月内,店铺单量、销售额、访客数、产品浏览数都较 1 个月前有了大幅提升。

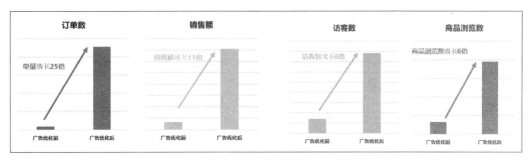

图 10-2　店铺使用广告前后数据对比图示例

三、关键词广告的原理和规则

(一) 原理

Shopee 关键词广告是指卖家给店铺产品设置关键词,当买家进入 Shopee 平台输入关键词搜索产品时,若买家搜索的关键词与卖家设置的词相一致,产品就有可能得到展示,如图 10-3 所示。

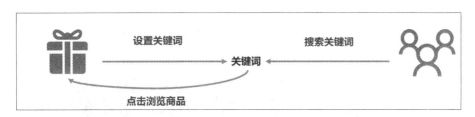

图 10-3　Shopee 关键词广告原理

(二) 关键词广告计费规则

关键词广告采用单次点击成本计价(cost per click,CPC)的方式。单次点击成本计价(CPC)指的是关键词广告的费用仅在每次买家通过关键词搜索到产品,并点击了该产品时才会被收取费用,并且该费用不高于该产品设置的关键词单次点击价格。单次点击价格为当买家使用了卖家设置的关键词进行搜索,并点击了该关键词广告的产品时所产生的平台向卖家收费的单次价格。

系统提供了防止恶意点击行为的侦测机制。在该机制的有效运行下,在固定时间内同一账户无论点击同一广告多少次都只记作一次点击,只扣一次点击的费用。需要注意的是，卖家自己点击也算作有效点击。

设置产品的关键词时，可以设置该关键词的单次点击价格，并且可以同时设置该关键词的预算上限。当消费达到上限时，该关键词将自动暂停参与关键词广告，防止因忘记关广告而不断花费关键词广告费用。

（三）关键词广告产品排名规则

当多个卖家购买相同关键词时，他们产品的广告都将出现在搜索结果页面中，这些广告根据关键词质量评分和设定的单次点击价格进行排序。某一卖家产品的广告排名受关键词质量评分和单次点击价格两个因素影响。计算公式为

$$广告排名＝关键字质量评分×单次点击价格$$

（1）关键词质量评分

关键词质量评分由预测点击率、线上广告表现及相关度综合得出。

① 预测点击率：根据所选产品、关键词等信息预测出的产品点击率。

② 线上广告表现：该产品的关键词在广告期间的实际点击率。

③ 相关度：所选关键词和产品标题、描述、分类等相关程度。

（2）单次点击价格：表示设置的单次点击价格，即买家通过该关键词搜索并点击了该产品时的一次收费价格，在设置的关键词和关键词质量评分相同的情况下，单次点击价格越高关键词广告排名越靠前。

图 10-4 中给到了 A、B、C、D 四个卖家，其关键词质量评分和竞拍价格如图 10-4 所示，在最终的广告竞拍结果中，综合起来看 B 卖家排到了第一位，因此在搜索结果的广告位中，B 卖家的广告会得到最靠前展现的机会。

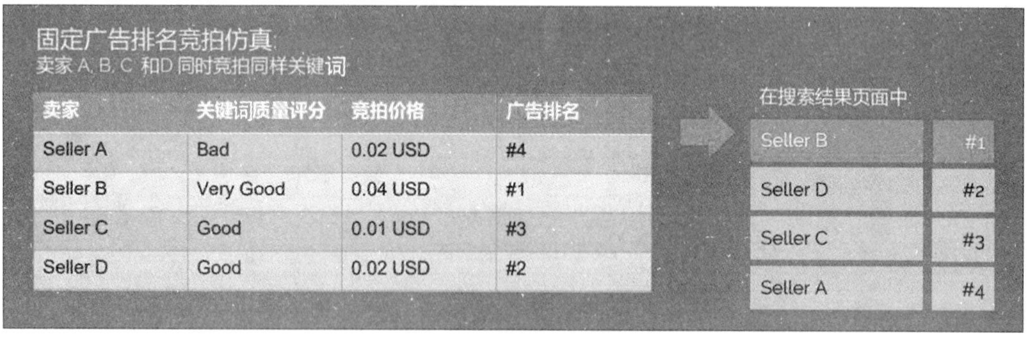

固定广告排名竞拍仿真：
卖家 A，B，C 和D 同时竞拍同样关键词

卖家	关键词质量评分	竞拍价格	广告排名
Seller A	Bad	0.02 USD	#4
Seller B	Very Good	0.04 USD	#1
Seller C	Good	0.01 USD	#3
Seller D	Good	0.02 USD	#2

在搜索结果页面中

Seller B	#1
Seller D	#2
Seller C	#3
Seller A	#4

图 10-4 关键词广告排名规则示例

四、关键词广告使用步骤

（一）设定关键词广告

（1）登录卖家中心后，点击"Marketing Centre"进入"我的行销活动"，如图 10-5 所示。

图 10-5　进入"我的行销活动"

（2）在"我的行销活动"中点击"My Ads"（我的广告），如图 10-6 所示。

图 10-6　进入"我的广告"

（3）在"我的广告"中，点击"Promote Your Product Now"（新增关键词广告），如图 10-7所示。

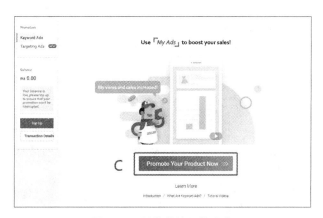

图 10-7　新增关键词的广告

（4）选择想要推广的产品，然后点击"Next Step"（下一步），如图 10-8 所示。

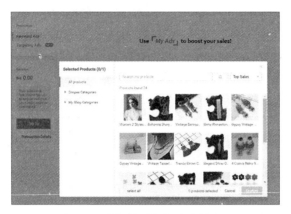

图 10-8　选择需要投放广告的产品

可以从现有的产品清单中选择推广产品，也可以使用搜索框利用搜寻或筛选功能更快地找到想要推广的产品。

（5）为选择好的产品添加需要推广的关键词，点击"Add recommended keywords"（增加推荐关键词）设置关键词，如图 10-9 所示。

图 10-9　"增加推荐关键词"界面

（6）选择与产品相关的关键字，并设定单次点击价格和对应的关键词匹配方式，如图 10-10所示。

图 10-10　选择需要推广的关键词

　　关键词匹配方式主要有两种,即广泛匹配和精准匹配,在设置广泛匹配时,当买家搜索的关键词包含卖家设置的关键词时,广告便有机会展现。而当设置精准匹配时,仅当买家搜索的关键词和卖家设置的关键词完全一致时,广告才有机会获得展现。图 10-11 在设置关键词"手机壳"时,使用广泛匹配和精准匹配会出现完全不一样的结果。

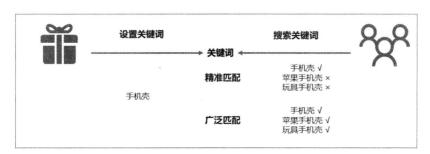

图 10-11　关键词广告匹配原理

　　卖家可对已经选中的关键词设置为"Broad Match"(广泛匹配)或"Exact Match"(精准匹配),如图 10-12 所示。

图 10-12　关键词匹配方式选择

　　(7)选择好关键词后点击"可设定关键词广告单次点击价格",然后点击"Confirm"确认价格,如图 10-13 所示。

图 10-13　设置单次点击价格

　　(8)设置完成单次点击价格后,下拉至"Budget"(预算)界面点击"Set Budget"(设置预算),为该关键词广告设定预算。

　　可以设置"Daily Budget"(每日预算),即该产品每天最多花费多少关键词广告费用,如图 10-14 所示设置每天最多只花费 10 林吉特关键词广告费,即当单日关键词广告费用超过 10 林吉特时会自动停止该关键词广告推广。

图 10-14　设置广告日和每日预算

同时还可以设置关键词广告"Total Budget"(总预算),如图 10-15 所示,设置关键词广告推广总预算为 100 林吉特,即当该关键词广告费用超过 100 林吉特时会自动停止,为了保证广告长时间在线,建议设置日预算而非总预算。

图 10-15　设置广告总预算

(10)设置关键词广告推广时间,可以选择"No Time Limit"(无时间限制)即刻生效,或选择"Set Start/End Date"(设定关键词广告推广开始/结束时间),如图 10-16 所示,设置开始时间为 2019 年 5 月 23 日,结束时间为 2019 年 5 月 29 日。

图 10-16　设置关键词广告推广时间

(11)点击"Publish Promotion"(发布该关键词广告),即完成了一个关键词广告的设置。

需要特别注意的是,如果"My Ads"(我的广告)账户中没有足够的"Balance"(余额),那么广告推广金额将无法建立广告活动,并且已设置的广告也会停止,如图 10-17 所示。

图 10-17　关键词广告余额不足

（二）修改"我的关键词广告"

对于已经设置好的关键词广告，也可以根据关键词广告推广数据表现进行调整，在"Keyword Ads"—"Products Statistics"（关键词广告数据）界面中可查看所有正在进行中的关键词广告，如图 10-18 所示。A 处可编辑修改广告推广区间；B 处可编辑修改广告预算；C 处点击产品图标，可查看广告数据细节。

All ∨	Ad ⇕	Budget ⓘ ⇕	Impression ⇕ ⓘ	Clicks ⇕ ⓘ	CTR ⇕ ⓘ	Orders ⇕ ⓘ
A Lip Mask Collage... Ongoing 2019/05/14 to Unlimited		RM 20.00 **B** Daily Budget	253 -5.60%	14 +27.27%	5.53% +34.82%	0 -
C Ongoing Blusher Moisturi... /05/14 to Unlimited		RM 20.00 Daily Budget	3,206 +12.85%	65 -7.14%	2.03% -17.71%	1 -83.33%
Ongoing KUF Presse... 2019/05/14 to Unlimited		RM 20.00 Daily Budget	6,132 +12.12%	41 +28.13%	0.67% +14.27%	0 -
Ongoing ...os... 2019/05/14 to Unlimited		RM 15.00 Daily Budget	3,682 +20.72%	53 +35.90%	1.44% +12.57%	0 -

图 10-18　修改"我的关键词广告"

点击正在进行的任意关键词广告，可查看每个关键词广告的活动数据，可以根据这些数据灵活调整每个关键词出价金额。如图 10-19 所示，点击 D 处编辑关键词的单次点击价格；点击 E 处清除关键词；点击 F 处暂停，可以随时暂停广告推广；点击 G 处终止，可以随时终止广告。

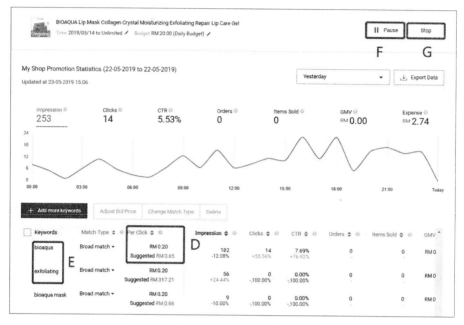

图 10-19　查看"我的关键词广告"数据

（三）提升关键词质量评分的方法

1. 优化产品

按照第九章介绍的产品优化的方法优化需要投放关键词广告的产品的标题和图片，提高产品点击率。

2. 调整关键词，提高产品与关键词的相关度

即使用最贴合该产品的关键词用于推广广告，如当你要推广一条女士长裙时，较准确的关键词有"Women clothes"（女士服装）、"Dress"（裙子）和"Long Dress"（长裙），不正确的关键词有"Men clothes"（男士服装），相关性不大的词有"Clothes"（服装）。使用相关度不大的词容易导致该关键词推广产生较多无效点击。

第二节　如何购买关键词广告

一、关键词广告费用充值方法一

（一）跨境卖家充值广告费用步骤

由于充值广告涉及跨境金额转账问题，目前 Shopee 跨境卖家只能通过第三方付款工具 PayPal 进行充值，如还没注册 PayPal 账户的卖家可以先前往 PayPal 官方注册。关键词广告充值步骤如下（注意：该方案为暂行方案，如无法按照下述方法充值，请尝试在卖家中心充值）。

（1）打开付费广告充值页面链接：https://app. wizardcloud. cn/a/app-0307a31239006a92/v1/nodes/a684b9b0e0c711e88e9c1bbbd44827bf/actions? token=EC-2N119148N53044743。

如无法使用，请至 http://shopee. cn 官网查询最新充值链接。

（2）输入店铺名称及充值金额，如表 10-1 所示。

表 10-1　Shopee 跨境卖家充值广告费

店铺账户（如 shopeelizi.my.）	充值金额（美元）
店铺名称 1	店铺 1 充值金额
店铺名称 2	店铺 2 充值金额
店铺名称 3	店铺 3 充值金额
店铺名称 4	店铺 4 充值金额
店铺名称 5	店铺 5 充值金额
店铺名称 6	店铺 6 充值金额
店铺名称 7	店铺 7 充值金额
店铺名称 8	店铺 8 充值金额
店铺名称 9	店铺 9 充值金额
店铺名称 10	店铺 10 充值金额

（1）如填写此表单过程中有任何问题，请联系您的 Shopee 客户经理
（2）若需查看数据，请点击帮助

（3）点击下方黄色"PayPal"按钮，跳转至 PayPal 充值界面，进行充值，如图 10-20 所示。

图 10-20　跳转至 PayPal 充值界面

（4）输入你的 PayPal 账户密码登录，如图 10-21 所示。

图 10-21　输入 PayPal 账户密码

（5）选择一个 PayPal 账户中的银行/信用卡进行付款，如图 10-22 所示。

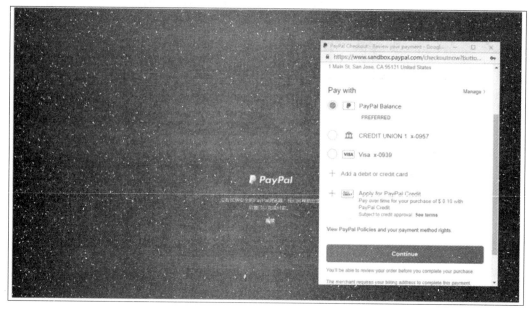

图 10-22　选择 PayPal 充值银行/信用卡

（6）在 PayPal 完成付款后，会自动跳转支付完成，如图 10-23 所示。同时你的 PayPal 注册邮箱会收到付款完成的邮件。

图 10-23　充值成功提醒

（二）跨境卖家充值过程中几种常见的错误

（1）店铺账户错误，请在充值时填写正确的店铺用户名。

（2）还未在卖家中心同意关键词广告条款。首次使用关键词广告的卖家需要在卖家中心依次点击"Marketing Centre"—"My Ads"进入"我的广告"界面，然后点击"Agree"（同意）关键词广告条款，并等待 3 个工作日后再尝试充值。

（3）如果是过去 3 天内新注册的店铺，请在自注册日起的 3 个工作日后尝试充值。

二、关键词广告费用充值方法二

卖家还可以通过卖家中心直接充值关键词广告费用，进入卖家中心依次点击"Marketing Centre"—"My Ads"进入"我的广告"设置界面，如图 10-24 所示。

图 10-24　进入"我的广告"设置界面

首次进入"我的广告"界面,需点击同意"Shopee 关键词广告服务条款",阅读后点击
"Agree"按钮同意即可开始使用"我的广告"功能。

点击"Top Up"(充值)可增加广告费用,如图 10-25 所示。

图 10-25　充值关键词广告费用

选择需要充值的金额，如图 10-26 所示。

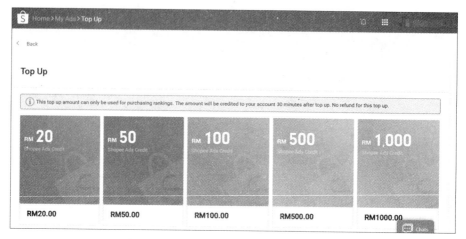

图 10-26　选择需要充值的关键词广告金额

第三节　关键词广告数据分析

一、单个产品和店铺的关键词广告数据

（1）单个产品的关键词广告数据，包括曝光率、点击量等指标，不仅可以用于衡量单个产品关键词广告的效果，还可以据此调整每个关键词的出价，如图 10-27 所示。

图 10-27　关键词广告数据

（2）衡量关键词广告效果的主要指标。

①Impression（曝光量）：看到了该产品的关键词广告推广的买家数。

②Clicks（点击量）：点击了该产品的关键词广告推广的买家数。

③CTR（click trough rate，点击率）：点击量与曝光量的比，点击率越高，意味着越多买家对广告感兴趣而产生了点击。

CTR 优化方法如下。

a. 产品主图清晰，功能一目了然，图片上文字最好使用当地语言。

b. 产品标题包含合适关键词，品牌状况等写清楚，可尝试在标题中加入一些前台热搜词。

c. 检查产品价格以确保竞争力，最好有打折标签吸引买家眼球。

d. 设置关注点赞好评有礼等方式提高产品的点赞数和评价。

　　e. 细心经营,争取拿到 Shopee 优选,mall 等平台标签(具体规则可以联系客户经理咨询)。

　　f. 查看 Shopee 上相似热卖品,进而优化该产品(注意不能用一样的产品标题或图片,否则有可能被下架)。

　　④ Orders(单量):在关键词广告推广期间因点击了该关键词产生的单量。

　　⑤ CR(conversion rate,转化率):单量和点击量的比,CR 越高意味着越多的点击用户转化成了店铺的下单买家。

　　CR 优化的方法如下。

　　a. 店铺优惠券会显示在产品上,好的店铺优惠券会提升转化率并带动其他产品的出单。

　　b. 产品描述详细,不要用误导性的语言,产品库存精准且充足,使用 LPG(最低价格保证)等标签。

　　c. "Variation"(变体)里选项清晰明确,比如颜色、尺码、材质等,不要用 1、2、3 等。

　　d. 图片清晰全面,尽量多放图片(最多 9 张),包含尺码图、细节等,图片上的文字尽量使用当地语言。

　　e. 好的店铺装饰和明确的店内分类会留住买家,提高转化率。

　　f. 较好的客户满意度,提升店铺各项指标(好评率、店铺评分、产品评价、聊天回复等),提升整体转化率。

　　⑥Items Sold(销售件数):在关键词广告推广期间因点击了该关键词产生的销售数量(一个订单内可能有多件产品)。

　　⑦GMV(成交总额):在关键词广告推广期间因点击了该关键词产生的销售额。

　　⑧Expense(广告花费):在关键词广告推广期间花费的广告金额。

　　⑨CPC(cost per click,平均单次点击价格):广告花费和点击量的比,即实际获得一次广告点击需要付出的成本,CPC 越低,意味着以越低的成本获得一次点击。

　　⑩ROI(return on investment,投入产出比):即广告花费与销售额的比。进一步再拆解,则 ROI 为转化率乘上平均客单价再比上平均单次点击价格,ROI 越高表示该广告推广投入产出比越高。

　　ROI 优化方法如下。

　　a. 不断优化产品转化率。

　　b. 在选品上做好规划,引流和转化相结合,低客单产品主要为店铺做引流,带动全店单量提升,高客单产品主要用于拉动全店 ROI,从而提升整体销售额。

　　c. 优化关键词平均单次点击价格:第一,优化质量分(参考前述方法优化点击率、调整关键词,提升产品与关键词的相关度等);第二,定期优化关键词出价(根据前端排名情况及时优化关键词出价)。

　　d. ROI 的优化是一个长期的过程,在数据监控上最好以 7 天或者 15 天为周期进行调整和优化。

　　⑪ Average Ranking(广告平均排名):在关键词广告推广期间该产品在该关键词搜索下的排名。

综合分析,灵活运用关键词广告数据报表,可以不断提高店铺关键词广告投入的效果。

(3)店铺的关键词广告数据是指店铺内,所有正在进行关键词广告的产品的数据总和,用于衡量关键词广告的整体效果,如图10-28所示。

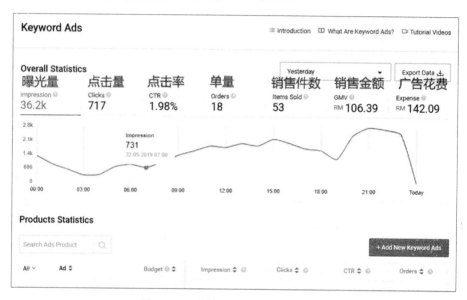

图 10-28 店铺关键词广告总体数据

二、关键字广告的使用技巧

(一)选品技巧

在店铺中选择不同的产品进行测试,分析该产品的潜在客户或市场趋势,在测试过程中 ROI 较高的关键词可以继续保留,ROI 较低的应当及时重新选择新的关键词或产品。建议前期尽量多选择一些产品做关键词广告测试,根据广告实际的投放数据来决定保留和优化哪些产品,在数量上建议前期至少选择 20 个产品。根据需求建议选择以下类型产品投放关键词广告。

1. 店铺热卖品

店铺内在未播放广告前就已经销量不错的产品,该类型产品主要用于给店铺带来更多流量。

2. 平台热卖品

属于平台热卖品,但在你的店铺内销量表现不好。

3. 高利润产品

店铺内有销量的利润较高的产品,该部分投放主要用来提高投放 ROI。

4. 低价引流产品

店铺内有销量的单价较低的产品,该部分投放主要用来带动流量,ROI 效果不一定好。

（二）投放产品选择

选择用于设置关键词广告的产品建议满足以下要求。

（1）产品主图美观清晰并适当展示卖点,标题关键词较多,使用当地语言,产品描述详细,如有尺码和材质须标明。

（2）产品为非预售产品。

（3）有折扣的产品。

（4）对于低价引流产品,其主图、标题或产品描述最好有明确的店铺指向性,可以使用店铺优惠券（Shop Voucher）,低价引流产品价格最好低于运费补贴要求的门槛,吸引买家凑单。

（三）关键词选取

1. 关键词选取原则

关键词选择的一般原则是:类目大词结合精准组合词。类目大词流量较好,精准组合词、长尾词转化率较高,两者结合可以获得较好的投入产出比。选词时可以考虑站在买家的角度,设想如果你是买家,在平台上想要购买某一类产品,你最有可能会搜哪些词。以马来西亚市场的一个美妆卖家为例,卖家想要推广的产品是一款眼影腮红二合一的粉饼盘,如图10-29所示,在选词时可以考虑先找一些买家搜索这款产品时最可能用到的词根,如"blusher""eye shadow"等,再据此拓展出一些关键词。此外若产品本身有一定的品牌知名度,也可以考虑加入品牌词作为词根,如此处的"O TWO O",关键词的设定注意要遵循买家的搜索习惯和语言种类。

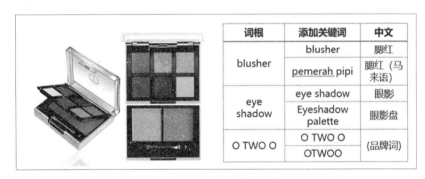

词根	添加关键词	中文
blusher	blusher	腮红
	pemerah pipi	腮红（马来语）
eye shadow	eye shadow	眼影
	Eyeshadow palette	眼影盘
O TWO O	O TWO O	（品牌词）
	OTWOO	

图 10-29　关键词选词示例

2. 更精准地选择关键词的方法

（1）根据产品标题,Shopee后台推荐关键词。

（2）Shopee每周向卖家提供市场周报,汇总最热门的关键词及流行趋势变化。

（四）产品出价

（1）根据所设关键词推荐产品价格。

（2）综合考虑当前Paid Ads的点击率和转化率,根据产品利润的百分比定价。

（3）根据曝光目的设置合适的关键词和点击价格,我们可以将曝光目的分为以下几种,如表10-2所示。

①以低价引流为目的的长尾词:应设置高一点的价格保证店铺流量。

②提高 ROI 为目的的精准词:从低价开始设置,逐渐调整达到最大 ROI。

③以测试新款产品、图片和标题为目的的精准词:价格不需要太高,保证搜索排名靠前列即可。

④以提高点击率为目的的精准词＋长尾词:可以从高至低逐渐降低价格,并观察流量变化。

⑤以冲销量为目的的长尾词、大词或精准词:长尾词、大词从高价开始设置,精准词从中等价格开始设置,同时根据流量变化进行价格调整。

表 10-2　产品出价参考

目的	词类	词数	点击价格	备注
低价热卖品做店铺引流,提高整体店铺流量及订单	长尾词	50 个(上限)	设置高一些,保证流量为主	引流产品的 ROI 会比较低,可以看下整个店铺的单量增长情况来定义真正的 ROI
提高单品在付费广告里的回报率	精准词,高 CR 后尝试一些高搜索大词	20 个开始,逐渐根据 CR 表现减少词数。最终稳定在 10 个左右	从低开始设置,逐渐调高以达到最高 ROI	优化产品以提高 CTR 和 CR,比较容易达到高 ROI
测试新款产品图片/标题	精准词		因为精准所以不需太高,但要保证流量,最好在搜索首页	选词时候选一些本身搜索量高的词比较快能看到效果
提高产品点击率,优化产品在付费广告里的表现	精准词＋长尾词	5 个开始,逐渐稳定到 10～15 个	因为点击率高,建议价格从高到低设置,逐渐降低观察流量	尽量选高 CTR 的比较精准的词,主图一定要精细优化
单品甩货/冲销量	长尾词,大词,精准词	50 个(上限)	大词价格从高开始设置,精准词价格从中等开始设置,根据流量多少再进行调整	选词多选些搜索量大的词

(4)若推荐出价较高,担心以此出价流量过大,可采用另一种策略,即以平台最低出价＋广泛匹配的出价方式来出价,如图 10-30 所示的方式(图中选取的是马来西亚市场,其最低出价为 0.07 林吉特)。

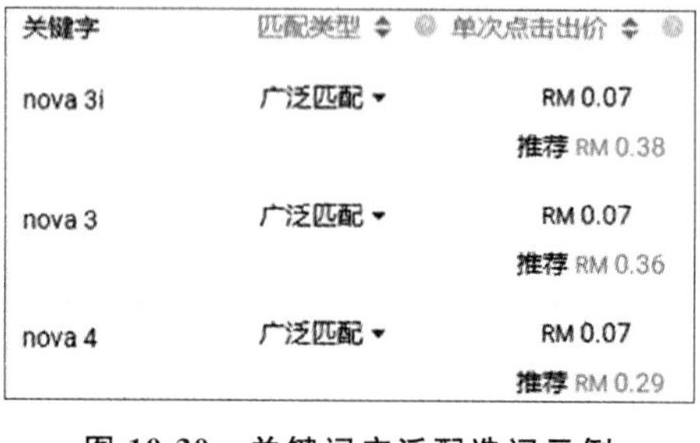

图 10-30　关键词广泛配选词示例

（五）广告调整优化

（1）根据每个关键字的点击率（CTR）和转化率（CR）进行调整优化，若 CTR 高但 CR 较低应当考虑投放的关键词是否和产品相关度较低，又或者是产品详情页面有待优化［"Variation"（变体）不完整、产品评分低、图片不清晰或者差评多等］，若 CTR 很低但 CR 很高应当考虑投放的关键词是否不符合买家的搜索习惯，或者主图不够吸引买家；若 CTR 和 CR 都很低应当重新选择投放的产品和关键词。

（2）根据产品利润调整关键词广告价格，从而达到最优 CPO（cost per order）和 ROI。

（3）每个市场的关键词会随着时间的变化有所改变，Shopee 的市场周报定期汇总最热门关键词及其流行趋势变化，包括热门关键词的搜索排名变动、点击率和转化率变动等，卖家可根据这些信息定期更新关键词。

（4）根据曝光目的选择优化方式。

①对于低价引流产品，不要过多关注 ROI，而是关注全店流量和广告带来的单量的变化，从而进行关键词筛选和价格调整。

②对于希望 ROI 较高的产品，应密切关注 CTR 和 CR 的变化，每周进行产品优化。

③对于甩货、冲销量的产品，在 CPO 允许的情况下，尽量增加曝光，提升销量。建议的具体操作如表 10-3 所示。

表 10-3　根据曝光目的优化关键词

标准	措施
CTR 高，CR 高，高排名	建议保留
CRT 高，CR 高，低排名，低 CPO	提高竞拍为提高排名（只要 CPO 仍低于您的 SKU 预算）
不相关关键字，高费用，低 CTR，低 CR	删掉
相关关键字，高费用，高 CTR，低 CR	删掉后使用类似但更具体且详细的关键词

（5）以一周为期限对投放关键词广告的产品做调整和优化，过去一周点击量正常（如马来西亚市场一周满 50 个点击）但一直未出单的产品，可先考虑优化调整产品图片、描述和关键词，对于调整后仍无改变的产品，可以选择停止广告。过去一周出价正常但点击量一直较少（如马来西亚市场一周未满 50 个点击）的产品，可先考虑增加关键词，增加后仍无改变，可选择停止广告，同时考虑加入新的选品做测试。

（6）产品主图和标题优化。

优化产品主图也是持续优化的重要环节。选择清晰、产品突出的素材图作为产品主图，可以参考前台的热卖产品，准备多款素材图进行测试，找到最吸引买家点击的一款，如图 10-31 所示。

图 10-31 主图选取示例

还可以优化产品标题,选择关键词广告中的优质关键词加到标题里,优化产品的自然流量,如图 10-32 所示。

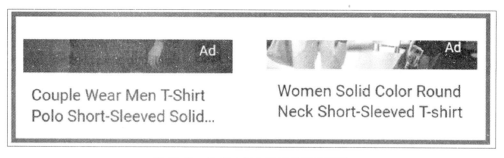

图 10-32 标题中加入流量的高关键词

(7)巧用前台搜索辅助调整广告

卖家可以巧用前台搜索功能,观察目前广告位是否适合自己的产品,从而根据情况进行提价、降价或暂停广告,以作调整。前台首先是搜索入手,卖家朋友们可以用手机搜一下自己的产品在哪里,然后对比广告位周围的自然搜索产品及前一个广告位产品看自身广告产品跟周围产品相比是否有竞争力,如果有竞争力,可适当提价。如图 10-33 第三行黑框中的广告产品,其销量款式等对比第二行的自然搜索产品及第一行的部分广告产品都有一定的竞争力,可以适当提价让其竞争更前面的广告位。当然,如果你的产品对比竞品产品在销量等方面都无太大优势,且在目前的广告位上一直未出单,可考虑降价或者暂停,重新选品测试。

图 10-33　关键词广告前台排名分析法

本章小结

　　本章主要介绍了 Shopee 关键词广告,使用关键词广告的原因,关键词广告的原理和规则,关键词广告的使用步骤等。同时,还介绍了关键词广告充值方法和关键词广告数据分析方法。

本章习题

　　第十章习题

第十一章

Shopee 子母账户系统

【学习要求】 理解 Shopee 子母账户系统的原理。

【学习重点或难点】 建立 Shopee 子母账户。

在 Shopee 平台运营时,你是否会因为数量众多的国家站点和店铺常有筋疲力尽之感? 你是否会因为平台运营中公司员工的权限分配而忧愁烦恼? 你是否会因为客服人员稀缺而担心无暇顾及买家的咨询? 本章将系统介绍 Shopee Subaccount 即 Shopee 子母账户系统,让这一切都变得异常轻松!

第一节　Shopee 子母账户系统介绍

一、子母账户系统简介

(一)概述

Shopee 子母账户系统是为了方便卖家对不同国家(地区)的多个店铺进行统一管理,并对各店铺的使用权限进行配置的一个系统。

(二)举例

下面将以 Shopee 某卖家陈总为例,来向大家介绍子母账户系统。

1. 公司情况

陈总在 Shopee 有两家公司:卖得好和卖得快公司,每个公司都开设了 Shopee 店铺。现在陈总手下有 4 名新员工:财务小王、运营小李、英语客服菲菲和泰语客服佳佳,其中财务需要进入所有店铺查看收入、产品、订单,运营需要管理所有店铺的产品和行销活动,客服人员需要查看所有店铺的订单和产品,泰语客服对接所有泰国店铺的客户,英语客服对接所有英文店铺的客户。

2. 公司结构

通过子母账户系统,陈总能够对不同的员工设置不同的权限,并且分配对应的店铺给员工,使用一个总账户管理所有店铺和不同员工的权限,这就大大提高了公司的运作效率,详见图 11-1 公司员工分配安排示意。

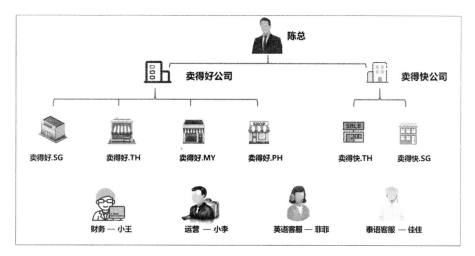

图 11-1　员工分配安排示意图

子母账户系统主要有以下角色。

（1）主账户

拥有最高权限的卖家账户，账户拥有者通常是公司法人，主账户可以管理该卖家的所有店铺。主账户登录名由卖家在激活时自行设置，注意区分店铺登录名和主账户登录名，用店铺登录名无法登录子账户平台。例如，案例中的陈总即为主账户的管理者。

（2）子账户

子账户又称"成员"，由主账户创建，账户拥有者通常是公司员工（如运营人员、客服等），账户权限由主账户设置。子账户登录名由子账户自行设置。例如案例中的小王、小李、菲菲和佳佳都是子账户的管理者。

（3）角色

角色是您希望某一成员或某组成员承担的相关职责，对应为子账户平台一组预设的权限。例如，商家角色"财务"，一般拥有卖家后台查看产品、订单、收入的权限。

（4）商家

商家即主账户名下的所有公司，主账户激活后可以把其他公司添加到平台。例如，案例中的卖得好和卖得快公司。

（5）商店

商店即主账户名下的所有店铺，他们可以属于不同公司和站点。主账户可以将店铺分配给不同的子账户。例如，卖得好.SG，卖得快.MY。

二、子母账户系统功能概述

卖家可以使用子母账户系统进行建立子母账户、账户登录、卖家中心设置、Shopee 网聊设置、查看系统操作记录和账户设置等其他操作，详见图 11-2 Shopee 子母账户功能示意。

图 11-2　子母账户功能示意

同时子母账户系统还支持以下功能。

（1）建立主账户及其子账户，卖家可以通过主账户/子账户登录"Seller Centre"（卖家中心）和"Webchat"，可同时管理多个国家（地区）的多个店铺后台和聊聊回复。

（2）子母账户系统可以进行 Webchat 和 Seller Centre 的权限管理，可以分配各子账户 Seller Centre 卖家后台和 Webchat 的访问权限。

卖家可进入子账户平台登录已经配置好的子账户，进行卖家后台的管理，子账户平台登录链接为：https://subaccount.shopee.com/。

同时各子账户还可以登录各市场 Webchat 进行客服管理，各市场 Webchat 登录链接如下。

SG：https://seller.shopee.sg/webchat/conversations。

ID：https://seller.shopee.co.id/webchat/conversations。

MY：https://seller.shopee.com.my/webchat/conversations。

PH：https://seller.shopee.ph/webchat/conversations。

VN：https://banhang.shopee.vn/webchat/conversations。

TH：https://seller.shopee.co.th/webchat/conversations。

第二节　建立子母账户

一、激活主账户

卖家可参照第二章的 Shopee 注册开店方法进行主账户注册，成功后，卖家的注册邮箱会收到一封主账户邀请激活邮件，根据指示完成主账户激活。

（1）打开邮件，点击"激活账户"，如图 11-3 所示。

图 11-3　激活你的主账户

（2）点击"Setup Now!"开始激活子母账户系统，如图 11-4 所示。

图 11-4　开始激活你的子母账户系统

（3）填写"Enterprise ID"（企业编号）和"Password"（密码），如图 11-5 所示。其中"Enterprise ID"即企业编号可以理解为子母账户的用户名，卖家可以自行设置。比如上文案例中陈总可以设置企业编号为 maidehao,那么其主账户的用户名就是 maidehao：main,其员工菲菲的子账户就可以是 maidehao：feifei,如图 11-5 所示。

图 11-5　填写主账户信息

（4）验证主账户的电话号码,在"Verify Phone Number"界面输入已绑定主账户的手机收到的验证码,如图 11-6 所示。

图 11-6　验证主账户的电话号码

需要提醒的是，激活链接有效期为 72 小时，若邀请失效，可点击 Subaccount 界面的 "Invite Again"申请再次发送邀请邮件，如图 11-7 所示。

图 11-7　申请再次发送邀请邮件界面

二、绑定店铺

（一）绑定本公司店铺

公司主账户激活后，该公司名下的所有店铺会自动绑定成为该主账户的子账户，例如陈总最开始使用卖得好公司注册了主账户，那么卖得好公司的 4 个店铺会自动关联到 maidehao：main 主账户。

（二）绑定其他公司店铺

为了方便卖家更系统地管理不同公司名下的店铺，子母账户系统除了可以把原公司名下的店铺绑定到已激活的主账户下外，还可以把其他公司名下所有店铺绑定到指定的主账户。如图 11-8 所示，以陈总卖得好和卖得快两家公司为例，卖得快公司激活主账户后，默认主账户为 maidehao：main，子账户为子账户 1，子账户 1 自动绑定原卖得快公司名下所有 4 家店铺——卖得好SG、卖得好TH、卖得好MY 和卖得好PH。当把卖得好公司也绑定到主账户 maidehao：main 后，则子账户 1 会绑定卖得好和卖得快公司名下所有店铺——卖得好SG、卖得好TH、卖得好MY、卖得好PH 和卖得快TH、卖得快SG。

子账户 1 拥有绑定在子账户 1 下的所有店铺的后台登录管理和聊聊管理的权限。

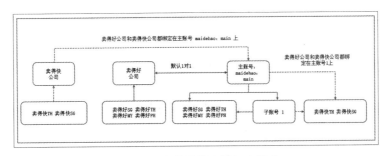

图 11-8　多公司绑定同一主账户

将多个公司的店铺绑定到同一主账户下，以陈总为例，他可以把卖得快公司的 2 家店铺添加到主账户 maidehao：main 下面。操作步骤如下。

（1）登录子账户平台后，在子账户平台首页中点击"我的团队"进入"我的账户"界面，然后点击"添加商户"，如图 11-9 所示。

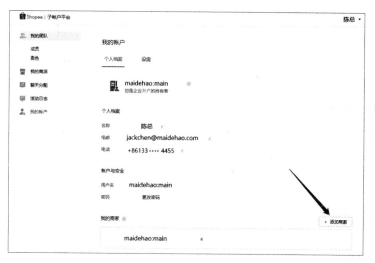

图 11-9　添加商户界面

（2）查找需要绑定的公司，可以通过卖得快公司的手机号、邮箱搜索查找卖得快公司，搜索完成后点击"继续"完成商户添加，如图 11-10、图 11-11 所示。

图 11-10　搜索待绑定的公司名称

图 11-11　点击"继续"完成商户添加

（3）可以选择通过卖得快公司的手机邮箱或者授权绑定至主账户 maidehao：main 中，如图 11-12 所示。

图 11-12　待绑定公司授权

（4）将卖得快公司下面的店铺绑定到主账户 maidehao：main 下，如图 11-13 所示。

图 11-13　绑定卖得快公司店铺

（三）查看店铺

进入子账户平台，在"我的商店"界面，可以查看已绑定的所有商店，点击"详情"则可以查看具体的成员，如图 11-14 所示。

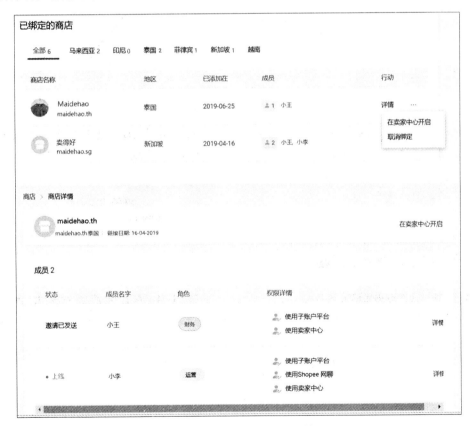

图 11-14　查看已绑定的店铺

（四）解除绑定店铺

卖家如果需要解除绑定的店铺，可以在子账户平台删除绑定的公司。进入子账户平台依次点击"我的账户"—"我的商家"，在弹出删除商家对话框中点击"删除"，那么此公司名下的所有店铺会被解绑，如图 11-15 和图 11-16 所示。

注意：解绑店铺只能通过解绑公司完成，目前暂不支持解绑某个公司下的单一店铺。

如果直接解绑店铺,只要公司还绑定在主账户中,被解绑的店铺会被自动绑回来。

图 11-15　解绑商家

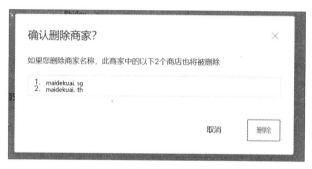

图 11-16　确认删除商家

三、创建/更改角色

激活主账户和绑定所有店铺后,为方便不同的角色管理店铺,卖家可以给主账户添加角色,并设置相应的店铺权限。

(一)系统建议角色

子母账户系统激活后,进入"子账户平台"—"角色",可以查看系统预设的建议角色,卖家可以直接将其使用于已设置好的子账户中。点击"查看详情"可以查看建议角色的权限,此处的角色权限卖家无法更改,如图 11-17 所示。

图 11-17　系统建议角色

（二）创建自定义角色

如果建议角色不能满足卖家的需求，卖家可以点击"添加新角色"，进行自定义。填写角色名称、描述后，在权限详情里勾选该角色可以拥有的店铺权限，并储存即可。平台赋予自定义角色 3 个可供选择的权限，子账户平台、Shopee 网聊（Shopee Webchat）和卖家中心。一个主账户最多可以创建 30 个不同角色，如图 11-18 所示。

图 11-18　自定义角色

卖家在勾选权限的时候，请从权限的最下级开始选择。例如，如果希望角色拥有"我的产品"的所有权限，需要勾选 "编辑产品""批量操作""添加产品"3 个功能，而不是只勾选"使用'我的产品'"。如果只勾选"使用'我的产品'"，那么角色只拥有查看"我的产品"权限，而没有任何编辑权限，如图 11-19 所示。

图 11-19　设置角色权限

（三）更改/删除自定义角色

如果自定义角色的职责变动,卖家可以点击"查看详情",进行更改或者删除,但是无法修改系统自带的"建议角色",如图 11-20 所示。

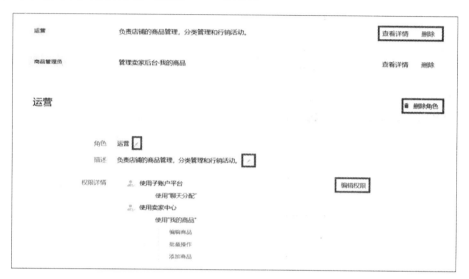

图 11-20　更改/删除自定义角色

四、创建子账户

角色创建完毕后,需要把角色分配给不同的成员。以上文中陈总为例,他想设置小王为财务人员,那么就要为小王创建一个子账户,并分配财务的角色给他,这样小王就可以进所有店铺查看账款/金额。

（一）创建子账户

Shopee 子账户操作

（1）创建成员。登录子账户平台,依次点击"成员"—"创建成员",如图 11-21 所示。

图 11-21　创建成员

（2）设置子账户信息

输入新成员名字、电话号码、登录 ID(即用户名)、密码和电子邮件,需注意的是,登录 ID 一旦设置后不能再更改,如图 11-22 所示。

图 11-22　设置子账户信息

(3)设置成员权限。选择角色,然后点击"添加店铺",如图 11-23 所示。

图 11-23　选择子账户权限

如果在此处的角色没有卖家想要的,卖家也可以点击"添加新角色",最后点击"储存成员",如图 11-24 所示。

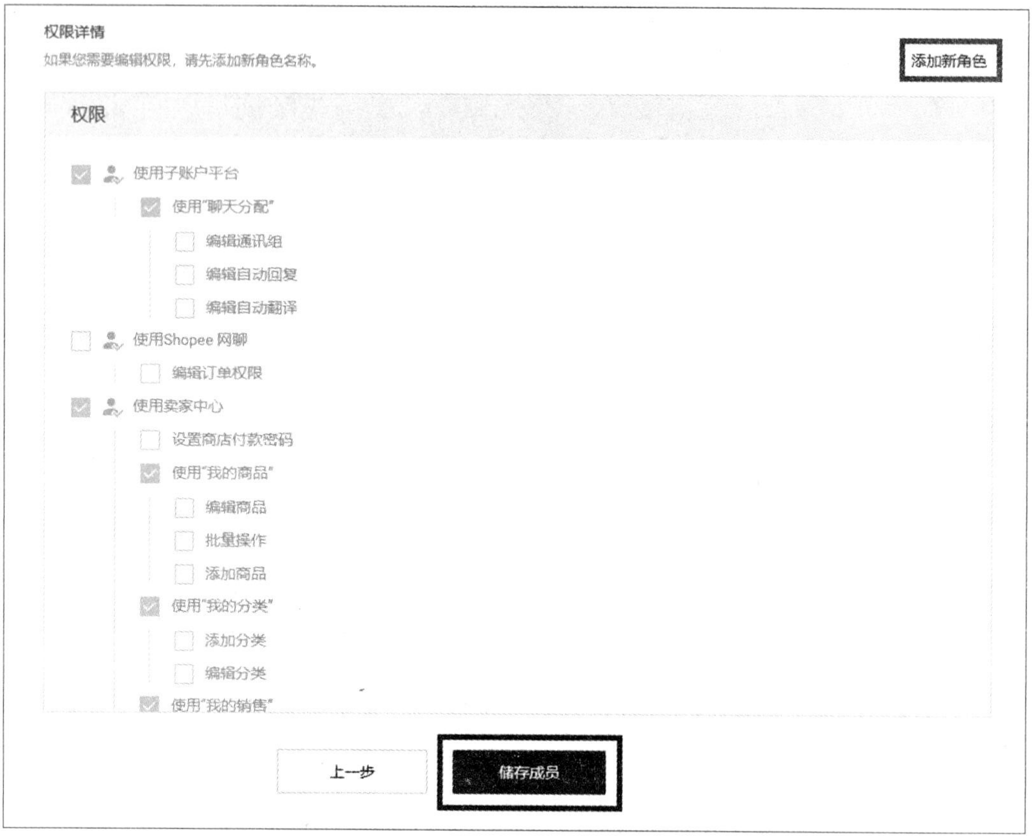

权限详情

如果您需要编辑权限，请先添加新角色名称。

添加新角色

权限

☑ 👥 使用子账户平台
  ☑ 使用"聊天分配"
    ☐ 编辑通讯组
    ☐ 编辑自动回复
    ☐ 编辑自动翻译
☐ 👥 使用Shopee网聊
  ☐ 编辑订单权限
☑ 👥 使用卖家中心
  ☐ 设置商店付款密码
  ☑ 使用"我的商品"
    ☐ 编辑商品
    ☐ 批量操作
    ☐ 添加商品
  ☑ 使用"我的分类"
    ☐ 添加分类
    ☐ 编辑分类
  ☑ 使用"我的销售"

上一步　　　　储存成员

图 11-24　自定义子账户权限

（4）为子账户分配管理店铺，在"添加商店"中勾选成员需要管理的店铺用户名并确认，如图 11-25 所示。

图 11-25　为子账户分配店铺

（5）完成创建。完成子账户创建后，可以查看子账户的登录 ID 和密码，将其复制发送给相关成员。第一次登录子账户时会验证手机号码，如图 11-26 所示。

图 11-26　子账户创建完成界面

（二）更改/删除子账户

1. 查看子账户信息

进入子账户平台点击"成员"，卖家可以查看所有成员的信息，以及筛选成员的角色和状态。其中共有 3 种状态：上线，代表正常状态；已被暂停，即权限被暂停；已邀请，即发出邀请但未激活子账户，如图 11-27 所示。

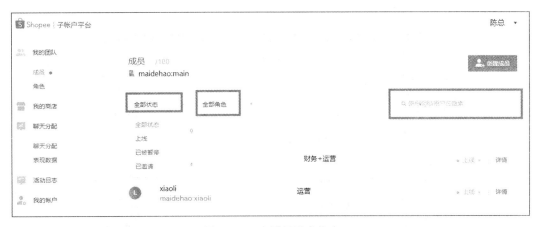

图 11-27　查看子账户信息

2. 编辑子账户信息

点击需要编辑信息的子账户成员右侧的"详情"，可以编辑子账户的基本资料、用户名、登录密码和权限，也可以删除成员，或者修改成员状态，如图 11-28 所示。

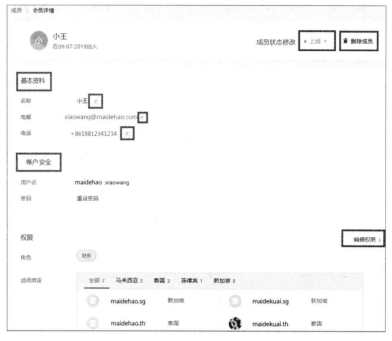

图 11-28 编辑子账户信息

点击"编辑权限",可以切换成员角色,也可以添加或删除该成员负责的商店。如果是建议角色,卖家需要通过"添加新角色"更改单个商店的权限才能更改该成员角色,如图 11-29所示。

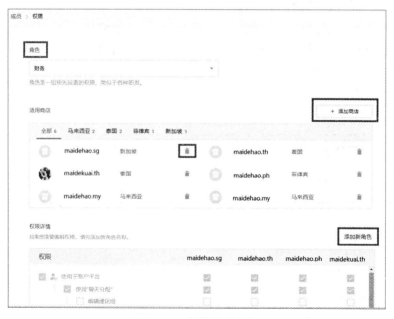

图 11-29 切换成员角色

如果是自定义角色,卖家可以直接在此处重新勾选单个商店成员拥有的权限,如图 11-30所示。

图 11-30　更改自定义角色界面

第三节　账户登录

一、登录子账户平台

卖家可以使用主账户或子账户的用户名和密码登录子账户平台,但是主账户和子账户看到的内容会有所区别,主账户拥有我的团队、我的商店、聊天分配、活动日志、我的账户和卖家中心等所有功能模块,但是子账户只有聊天分配、我的账户和卖家中心功能,如表 11-1、图 11-31 所示。

表 11-1　主账户/子账户权限

登录账户	我的团队	我的商店	聊天分配	活动日志	我的账户	卖家中心
主账户	能	能	能	能	能	能
子账户	否	否	有授权的子账户	否	能	能

图 11-31　子账户可见功能模块

二、登录卖家中心

（1）点击子账户平台左下角的"卖家中心"，如图 11-32 所示。

图 11-32　使用子账户登录卖家中心

（2）点击卖家中心右上角的"转换商店"，可以看到该账户有权限登录的所有店铺，可在此切换想要前往的店铺卖家中心，如图 11-33、图 11-34 所示。

图 11-33　切换商店

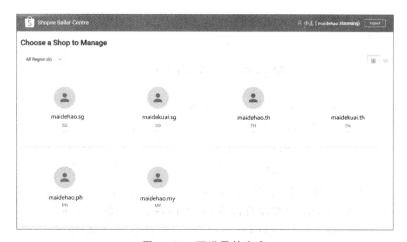

图 11-34　可登录的商店

三、登录 Webchat（Shopee 聊聊网页版）

卖家可以使用主账户或子账户的用户名和密码登录 Webchat，使用任一站点链接登录，皆可查看所有店铺。

四、子母账户密码找回

如果员工忘记子账户密码，可以使用绑定手机找回密码。

（1）进入子母账户登录页面，点击"Forget password?"（忘记密码），如图 11-35 所示。

图 11-35　忘记密码

（2）输入卖家的用户名、电话或电子邮箱进行查找，然后选择发送重置密码链接至手机或者邮箱，如图 11-36 所示。

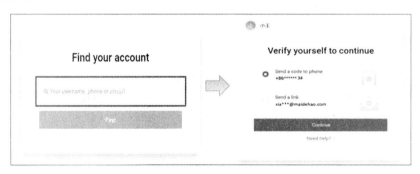

图 11-36　找回密码

点击发送后，用于验证的手机或邮箱将会收到重置密码链接，按照提示完成重置密码即可。

第四节　卖家中心设置

注册子母账户后，卖家的卖家中心部分权限会发生变化，并且新增了可以"设置/更改店铺钱包密码"的权限。为了保障账户资金安全，在子母账户系统中不同层级账户的支付功能具有不同类型的权限。权限最大的主账户拥有设置/更改店铺钱包密码、添加/更改/删除收款账户、更改店铺的登录密码、更改店铺电子邮箱的权限；子账户为次级权限账户，在主账户授权下，子账户拥有添加/更改/删除收款账户、更改店铺的登录密码、更改店铺电子邮箱的权限，但所有子账户都没有设置/更改钱包密码权限。店铺用户名权限分两种情况：在店铺注册子母账户前，店铺用户名拥有添加/更改/删除收款账户、更改店铺的登录密码、更改店铺电子邮箱的权限;在店铺注册了子母账户后,店铺用户名降低为最低级别的账户,其不具有设置/更改店铺钱包密码、添加/更改/删除收款账户、更改店铺的登录密码、更改店铺电子邮箱这4种权限。不同级别账户的权限比较如表11-2所示。

表 11-2   不同级别账户权限

登录账户	设置/更改/店铺钱包密码	添加/更改/删除收款账户	更改店铺的登录密码	更改店铺电子邮箱
主账户	能	能	能	能
子账户	否	有授权的子账户	有授权的子账户	有授权的子账户
店铺用户名(注册子母账户前)	否	能	能	能
店铺用户名(注册子母账户前)	否	否	否	否

一、设置/更改店铺钱包密码

钱包密码,是在添加/更改/删除店铺的收款账户(如 Payoneer 账户)时需要输入的密码。只有主账户可以设置/更改店铺钱包密码,设置步骤如下。

(1)使用主账户的用户名、密码登录需要设置/更改店铺钱包密码的卖家中心。

(2)在"我的卖家中心"进入"商店设定"—"更新密码"—"收款密码"—"更新/设置",如图 11-37 所示。

图 11-37   修改店铺钱包密码

(3)输入新的钱包密码,点击"发送 OTP",店铺动态密码会发送到主账户注册邮箱,输入验证码完成密码设置,如图 11-38 所示。注意:店铺钱包密码不能和店铺登录密码相同。

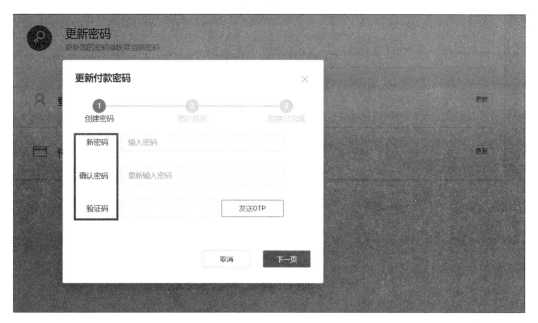

图 11-38　设置新的店铺钱包密码

　　(4)如果主账户绑定了多个店铺,卖家可以选择是否将此新钱包密码同步到同一主账户下的所有其他店铺,最后点击"确认",如图 11-39 所示。注意:如果新的钱包密码与同一主账户下任何其他店铺的登录密码重复,则同步将失败。

图 11-39　同步所有店铺钱包密码

二、添加/更改/删除收款账户

　　收款账户是用来接收 Shopee 打款的 Payoneer/PingPong/LianLian Pay 账户,卖家可以使用主账户或授权的子账户进行添加/更改/删除,步骤如下。

　　(1)使用主账户/子账户的用户名密码登录卖家中心,注意切换到需要修改的店铺。

　　(2)进入"我的钱包",然后输入主账户/子账户的登录密码,点击"收款账户"输入钱包密码,添加/更改/删除收款账户,如图 11-40 所示。

　　注意:如果尚未设置钱包密码,卖家需要先使用主账户设置钱包密码才能添加/更改/删除收款账户。

图 11-40 添加/更改/删除收款账户

三、更改店铺电子邮箱

如卖家忘记注册店铺的电子邮箱或需要修改店铺电子邮箱时,可以使用子母账户系统进行修改。

主账户和主账户授权的子账户,可以更改店铺邮箱,如图 11-41 所示,步骤如下。

(1)使用主账户/子账户的用户名、密码登录卖家中心,切换到需要更改电子邮箱的店铺。

(2)进入"商店设定"—"我的账户"—"输入主账户/子账户的登录密码"。

图 11-41 登录需要修改电子邮箱的店铺

(3)点击"编辑"邮箱,完成店铺邮箱更新,如图 11-42 所示。

图 11-42 修改店铺电子邮箱

四、更改店铺登录密码

主账户和主账户授权的子账户,可以更改店铺登录密码,这里指的是注册子母账户前单个店铺的登录密码,如图 11-43 所示,步骤如下。

(1)使用主账户/子账户的用户名和密码登录卖家中心,找到需要更改登录密码的店铺。

(2)在卖家中心中进入"商店设定"—"更新密码"—"登入密码"—点击"更新"。

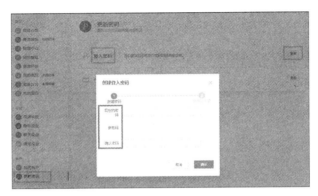

图 11-43　更改店铺登录密码

第五节　Shopee Webchat 设置

卖家可以使用主账户/子账户登录 Webchat 来接收多个店铺的聊聊消息,如图 11-44 所示。

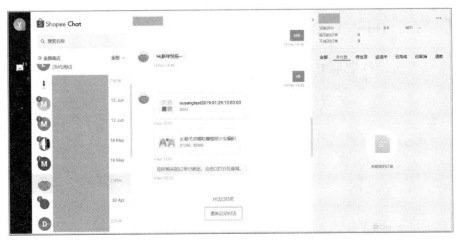

图 11-44　Webchat 界面

一、设置 Webchat 聊天分配

(一)创建群组

子账户在接收店铺消息之前,主账户必须对店铺消息进行分流设置,所以卖家需要对

每个店铺分别创建聊天群组。例如,陈总希望泰语客服佳佳回复所有泰国站的顾客消息,那么就要把佳佳加入到泰国站的聊天群组,操作步骤如下。

(1)登录子账户平台然后依次选择"聊天分配"—"选择店铺"—"查看详情",如图 11-45 所示。

图 11-45　对应店铺分组

(2)选择创建群组,在"分配的群组"界面点击"立即创建"即可完成,如图 11-46 所示。

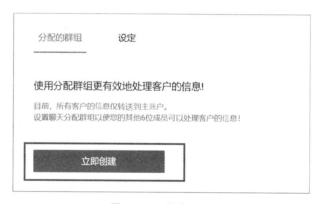

图 11-46　创建群组

(3)选择群组名称或点击"创建新群组",如图 11-47 所示。

图 11-47　选择/创建群组

（4）将对应的客服人员加入群组，注意只有被主账户授予了该店铺 Webchat 权限的子账户才会出现在该页面，如图 11-48 所示。

图 11-48　选择加入群组的人员

（5）勾选聊天来源，即聊天的消息来源，如图 11-49 所示。

图 11-49　选择聊天来源

（6）完成之后群组中的成员可以在 Webchat 接收相应店铺的消息，如果需要接收其他店铺的消息，请重复第一至第五步的步骤。

（二）更改群组信息/关闭群组

创建完群组后还可以更改群组的具体信息、关闭群组及增加群组，一个店铺可以对应多个群组。在"分配的群组"中选择对应需要修改的群组，如图 11-50 所示，在"售前客服"群组中右上角按钮可选择"重新命名""修改""聊天来源""关闭""删除"等操作，同时可点击"新群组"增加更多的群组。

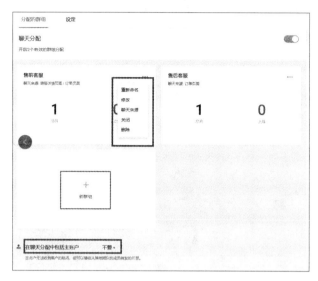

图 11-50 更改群组信息/关闭群组

二、设置自动回复

登录子账户平台依次选择"聊天分配"—"选择店铺"—"查看详情"—"设定",然后选择使用自动回复,编辑具体内容。自动回复的内容将成为店铺的公共消息,如图 11-51所示。

图 11-51 设置自动回复

三、查看客服表现

进入子账户平台依次点击"聊天分配"—"表现数据"可以查看客服人员的表现,每一项指标的定义可以通过点击"▣"查看,如图 11-52 所示。

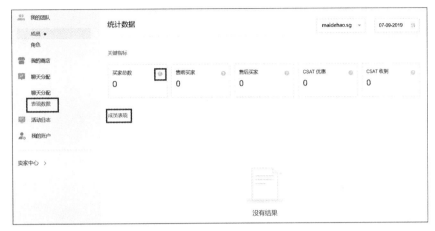

图 11-52　查看客服表现

第六节　其他操作

一、查看系统操作记录

　　卖家可以在子账户平台"活动日志"查看子账户平台和卖家中心的所有操作记录和操作人,如图 11-53 所示。

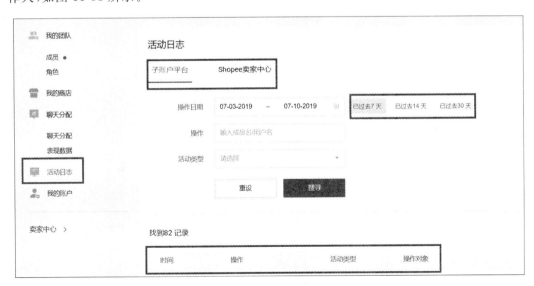

图 11-53　查看系统操作记录

二、账户设置

　　卖家登录子账户平台进入"我的账户"—"个人档案"可以查看和更改主账户的信息,包括更改名称/邮箱/电话,更改登录密码,添加商家等,如图 11-54 所示。

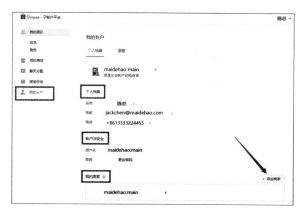

图 11-54　账户设置

此外还可以点击"设定",更换界面语言,如图 11-55 所示。

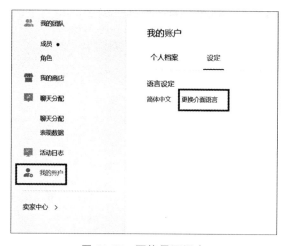

图 11-55　更换界面语言

本章小结

　　本章主要介绍了 Shopee 子母账户系统,主要内容有子母账户功能简述,建立子母账户的方法,使用子母账户登录子账户平台、卖家中心、Webchat 和找回密码的步骤,以及使用子母账户进行 Webchat 设置等内容。

本章习题

📄 第十一章习题

第十二章

ERP 的对接

【学习要求】 理解 Shopee ERP 系统对接。

【学习重点或难点】 芒果店长 ERP 对接 Shopee 实现店铺产品和订单管理。

ERP（enterprise resource planning）即企业资源计划，是指建立在信息技术基础上，运用系统化的管理思想，为企业决策层及员工提供决策运行手段的管理平台。它的主要功能在于改善企业业务流程以提高企业核心竞争力。ERP 在电商领域的应用，主要体现在把传统 ERP 中的采购、生产、销售、库存管理等物流及资金流模块与电子商务中的网上采购、网上销售、资金支付等模块整合在一起，同时加入客户关系管理、数据统计分析等特色模块。一款适宜的 ERP 不仅能提升公司的管理效率，而且可以节省采购和销售端成本。目前市场上有很多专业做电商领域的 ERP 软件公司，卖家可选择适合的软件或自主开发 ERP 软件。

第一节　Shopee ERP 系统对接

目前，Shopee 可对接的 ERP 系统分两类：卖家自主研发的 ERP 系统和第三方 ERP 系统。

卖家自主研发的 ERP 系统对接，需要卖家登录"Shopee Open Platform"（Shopee 开放平台）系统（https://open.shopee.com/），注册"Shopee Open Platform"账户，然后在"Shopee Open Platform"上申请对接自有 ERP 即可。

第三方 ERP 系统对接，需要第三方 ERP 公司申请人员发邮件至 cb.partner@shopee.cn 申请，Shopee 收到申请后会有专门 ERP 对接的负责人联系后续对接事宜，卖家使用已完成和 Shopee 对接的第三方 ERP 系统即可。与 Shopee 已完成对接的第三方 ERP 系统有：芒果店长、通途、马帮、普源、超级店长、赛盒、易仓、ECPP、赛盒、HPI、Trade_Plug、Ibay365、E 店宝、万里牛、聚水潭、聚水潭、蜂鸟、网店管家、小老板、网商园（Wsy1）、甩手网、越域网、富润（胜途）、管易、速猫、一起做网店（17ZWD）。在使用 ERP 管理 Shopee 店铺之前，卖家需要在第三方 ERP 上进行授权绑定。

第二节　常见 ERP 使用模块

Shopee 目前开放的可对接第三方 ERP 的 API（application programming interface，应用程序编程接口）包括以下 7 个模块。

（1）订单管理模块：同步订单的信息、获取订单详细信息和取消订单等。

（2）物流管理模块：进行订单发货操作、获取订单物流信息、获取订单面单、店铺物流信息等。

（3）产品管理模块：刊登、更新和删除产品信息等。

（4）退货退款模块：获取退货退款等订单信息、进行订单退货退款操作等。

（5）折扣管理模块：新增（更新、删除）店铺折扣产品及活动等。

（6）店铺信息管理模块：获取（更新）店铺信息等。

（7）店铺自定义类目模块：新增（更新）店铺自定义类目及产品等。

Shopee 平台将不断完善以上接口功能，为用户提供更全面优质的服务。更多 API 相关信息及更新，可点击 https://open.shopee.com/ 进行了解；如果使用过程中有任何的问题，可发送邮件至 openapi@shopee.com，相关人员将协助解决您遇到的问题。

API 对接

除了以上 7 个模块，市面上的 ERP 还会整合一些特色功能，比如产品采集、数据分析等，当然，部分服务是需要付费开通的。卖家可以根据自己的需求，选择相应的软件和服务，来提升运营效率。

第三节　芒果店长 ERP 介绍

一、芒果店长简介

芒果店长是一个永久免费的轻量级 ERP 系统，按照跨境电商业务流程，拥有九大模块，提供一站式的全流程服务，支持采集 100＋网站产品，对接物流超过 300＋，累计帮助用户处理订单数已超过 10 亿。芒果店长共有 9 个模块：①授权模块，将第三方平台的店铺授权到芒果店长，如 Shopee 店铺授权；②产品模块，包括产品的采集、刊登、在线产品的状况查看与优化，此外，还有产品库可便捷地将一个产品发布到多个店铺；③订单模块，包括订单的同步、打包发货和自动规则设置等，实现订单的快速处理；④客服模块，包括邮件营销及客户下单过程中遇到的评价、纠纷、站内信等，此外还有 WISH-PB 广告、自动刊登等一系列辅助营销；⑤物流模块，包括设置物流、运费模板与报关信息等；⑥产品模块，建立卖家产品与产品组，并且与线上的 SKU 进行配对；⑦库存模块，包括库存、货位、调拨、盘点、海外仓等所有的仓储管理；⑧采购模块，对 1688 采购及其他渠道的采购从智能建议到付款的全面管理；⑨数据模块，提供多维度、详细的数据报表，以供店铺运营分析。

二、Shopee 店铺授权至芒果店长

Shopee 店铺授权至芒果店长的步骤如下。

（1）打开芒果店长首页，在"授权"中选择"Shopee"，然后点击"增加 Shopee 店铺授权"按钮，如图 12-1 所示。

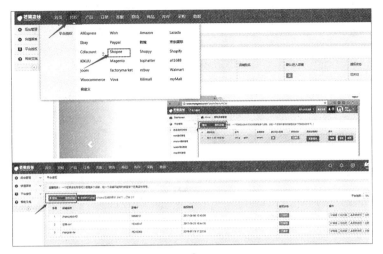

图 12-1　芒果店长授权示意

（2）进入 Shopee 登录界面，输入要授权的账户和密码，如图 12-2 所示。

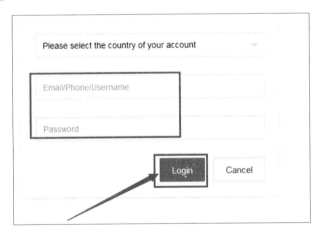

图 12-2　授权 Shopee 店铺

三、产品信息采集

（一）下载插件

如卖家需要在 1688 网站上进货并上传相应产品至 Shopee 店铺，可以通过芒果店长实现从 1688 上采集产品信息至芒果店长，然后发布到 Shopee 店铺。首先卖家需下载芒果店长内的采集产品插件。

采集插件安装教程如下。

采集插件下载网址为：https://0x9.me/iJgxF，安装步骤可扫描相关二维码。

采集插件
安装步骤

（二）产品信息采集步骤

1. 单个产品信息采集

（1）登录芒果店长后，打开需要采集的原产品详情界面，点击"开始采集"按钮，如图 12-3 所示。

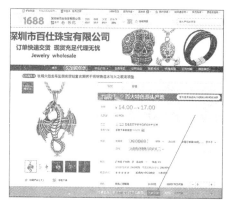

图 12-3　单个产品信息采集界面

（2）点击"开始采集"后，会跳转到一个芒果采集界面中，如图 12-4 所示。

图 12-4　进入芒果采集界面

2. 分类采集

按照某一类目批量采集产品，可加快采集速度。

（1）打开店铺的分类界面，在空白处点击右键，然后点击"采集到采集箱"，如图 12-5 所示。

图 12-5　采集到采集箱

（2）点击"分类采集"后，会跳转到一个芒果分类采集界面中，如图 12-6 所示。

图 12-6　分类采集界面

（3）在采集的过程中，注意不要关闭当前浏览器，采集完成如图 12-7 所示。

图 12-7　分类采集完成界面

3．认领产品

依此点击"产品"—"采集箱"—"认领到"—"Shopee"即可认领采集产品并刊登至 Shopee，如图 12-8 所示。

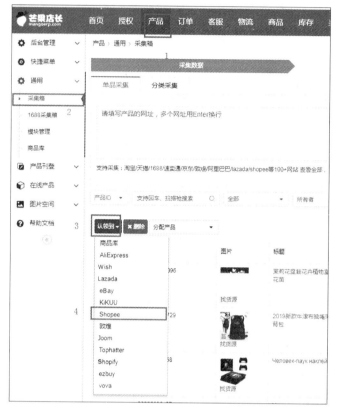

图 12-8 认领产品并刊登至 Shopee

四、产品刊登

使用芒果店长产品刊登功能,可以将产品快速刊登到 Shopee 平台,步骤如下。

(1)进入 Shopee 产品刊登界面,打开芒果店长首页,依此选择"产品"—"Shopee"—"创建产品",如图 12-9 所示。

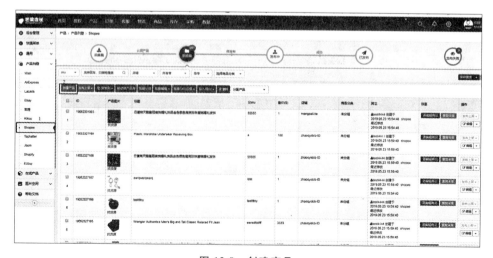

图 12-9 创建产品

（2）依次填写店铺名称、产品分类、产品名称、自定义编码、产品类型、发货期、产品重量和物流方式等信息，上传产品图片，然后点击"保存"即可，如图 12-10 所示。

图 12-10 设置产品信息

（3）选择需要发布的产品，点击"马上发布"，或者为便于在固定时间段发货还可以点击"定时发货"，如图 12-11 所示。

图 12-11　设置发布上架

（正文）

此外，产品刊登功能中还有编辑产品、复制产品管理、移动产品、设置产品分类、删除产品等功能。

五、一键搬家

为了统一产品管理、提高运营效率，芒果店长具有将 Shopee 平台不同市场的店铺搬家的功能。例如，卖家可以通过芒果店长把马来西亚市场店铺已经上架好的产品发布到其他市场的店铺，步骤如下。

（1）同步在线产品。进入芒果店长在线产品界面后点击菜单栏下"产品"—"在线产品"，然后点击"Shopee"，如图 12-12 所示。

图 12-12　选择在线产品

然后点击"同步产品"按钮进行同步，可选择"同步全部"产品或"同步选中"的部分产品，如图 12-13 所示。

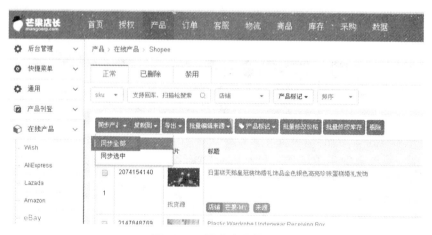

图 12-13　同步产品界面

（2）复制到草稿箱。选中要复制的产品，然后点击"复制到"—"采集上架草稿箱"，如图 12-14 所示。

图 12-14　复制产品至上架草稿箱

产品复制成功之后，提示"复制成功，你可以去 Shopee 上架中草稿箱查看"，如图 12-15所示。

图 12-15　产品复制成功界面

最后，按提示在 Shopee 采集上架的草稿箱里找到相关产品进行编辑，修改店铺名称（此处填写需要搬入的店铺名称）、分类、产品名称、自定义编码（便于卖家店铺管理，可自行设置）、产品图片、产品类型、发货期、产品重量和物流方式等信息，然后点击发布，即完成发布到 Shopee 平台其他店铺的操作。

六、订单发货

买家在 Shopee 平台下单后,可以通过芒果店长订单模块同步所有已授权至芒果店长的 Shopee 店铺的订单,同时卖家还可以在芒果店长完成打印面单、发货的操作。

(一)设置物流渠道

在芒果店长后台顺次点击"物流"—"物流设置"—"系统对接货代"—"Shopee 线上物流",然后点击"渠道"后面"编辑"按钮,启用要使用的物流渠道,如图 12-16 所示。

图 12-16　设置 Shopee 在线物流

(二)设置打印模板

点击"编辑"进入图 12-17 所示界面,可以设置"Shopee 面单打印模板"和"寄件人地址信息",点击"确定"按钮保存设置。

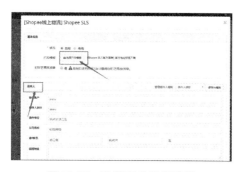

图 12-17　设置面单打印模板

(三)订单同步

在"订单管理"—"打包发货"—"同步"界面选择"Shopee",然后选择需要同步的店铺订单,点击"开始同步",如图 12-18 所示。

图 12-18　同步 Shopee 店铺订单

（四）生成包裹

在"订单"界面选中 Shopee 的订单点击"生成包裹"，然后选择刚才启用的 Shopee 渠道，点击"确定"，即可生成 Shopee 订单包裹，如图 12-19 所示。

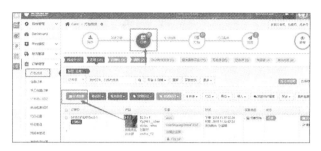

图 12-19　生成 Shopee 订单包裹

（五）申请运单号

生成包裹之后，在"打包"界面选中包裹，点击"申请运单号"，如图 12-20 所示。

图 12-20　申请运单号

（六）打印面单

在"打包"界面选择"已分配运单号"，点击"打印"打印包裹的面单，建议选中 Shopee 的官方模板打印。打印之后，点击"标记"，标记对应面单为"已打印"，可以实时管理订单发货状态，如图 12-21 所示。

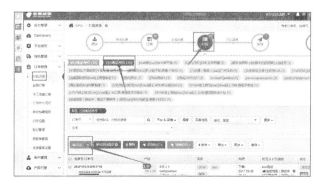

图 12-21　打印面单

（七）提交平台

打印好面单之后，在"发货"—"待发货"页面选中订单，点击"提交平台"，提交成功之后，Shopee 的发货流程就结束了，如图 12-22 所示。

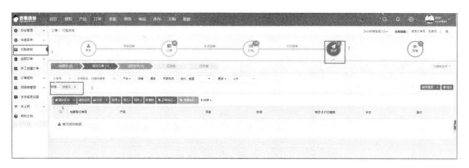

图 12-22　提交发货完成至 Shopee 平台

第四节　通途 Listing 介绍

一、Listing 通途简介

通途成立于 2010 年，是专注于国内跨境电商的 SaaS（software-as-a-service，软件即服务）软件服务商。旗下主要软件产品有：通途 Listing、通途 ERP 及通途物流平台等，目前 Shopee 已对接通途 ERP 系统和通途 Listing 系统，本节将重点讲解通途 Listing 功能。通途 Listing 提供产品库管理、产品采集、产品搬家、效率刊登、在线 Listing 便捷管理等功能，帮助卖家提升上架效率，节约管理成本。

二、通途 Listing 功能介绍

（一）注册及登录

（1）未注册的用户，可先进入通途官网（https://www.tongtool.com）注册通途账户，如图 12-23 所示。

图 12-23　注册通途账户

（2）登录注册的通途账号，进入"个人中心"后，在界面右上角点击"进入刊登系统"即可进入通途 Listing 系统；正式使用之前，需先在店铺管理中绑定 Shopee 账户，针对多人团队，可以设置每个店铺有不同的负责人，做到专人专责，互不影响，如图 12-24 所示。

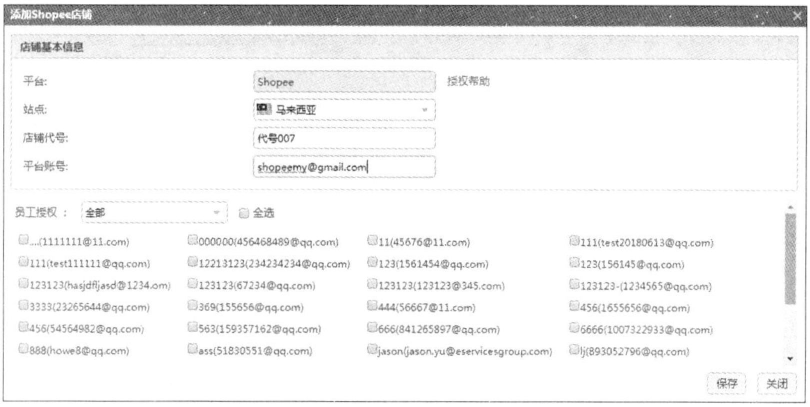

图 12-24　登录通途账户

（二）产品管理

1. 建立产品资料库

卖家可以在上传产品之前把所有产品导入通途建立产品资料库，用于产品管理和刊登。卖家可以通过 API 接口、同步通途 ERP、导入 Excel 表格、数据采集 4 种方式，录入产品资料，也可以在系统内手工创建。

2. 录入 Shopee 平台资料

建立产品资料库后，每个产品需补充 Shopee 平台相关资料（各站点类目、类目属性及价格等），如图 12-25 所示。

图 12-25　补全 Shopee 资料

3. 设置 Shopee 刊登模板

卖家可以设置一个刊登模板用于在 Shopee 平台刊登产品，刊登模板中需要设置的内容包括是否预售、物流方式等内容，刊登模板设置完成后，卖家可以在下次需要刊登的时候直接启用刊登模板。同时还可以针对不同产品类型、站点等情况分别设置不同站点的刊登模板,如图 12-26 所示。

图 12-26　设置刊登模板

4. 快速上架

完善 Shopee 平台资料之后,卖家可以选择已经设置好的刊登模板,点击"批量生成刊登草稿",然后完成快速上架,如图 12-27 所示。

图 12-27　快速上架产品

5. 立即上架/定时上架

生成刊登草稿后,可选择立即上架,将产品发布到对应的 Shopee 站点,如果选择定时上架,草稿进入已预约状态,在设置的时间点(如晚上 10:00)将自动进行上架。

（三）其他服务

1. 自动计算建议售价

通途 Listing 还具有自动计算建议售价的功能,会根据每个 SKU 录入的采购成本及重量,通过设置好的渠道计价模板,自动计算每个站点的价格,并进行汇率换算。

2. 批量补充产品的平台资料

卖家可以通过 Excel 表格导入的方式,快速完善产品库产品的 Shopee 平台资料。也可以在系统内进行批量操作(同时配合自动计算建议售价功能),简单快捷且高效。可以大大节省了录入同类型产品的时间成本,如图 12-28 所示。

图 12-28　批量补充产品资料

同时卖家可以在产品资料列表清晰地查看当前产品在各个店铺的上架情况,及时查缺补漏,如图 12-29 所示。

图 12-29　查看各店铺上架情况

除了通途 Listing 系统,通途 ERP 也是跨境卖家运营过程中必不可少的一款优秀系统,通途 ERP 深度对接 30 个跨境平台及 500 多家跨境物流商,运用自动化客服邮件协作处理系统,解决多平台多账号客服痛点;运用自有知识产权"规则引擎"技术组件及自动路由引擎,订单处理高度自动规范化;推出见货出单及二次分拣方案,发货效率提高 6～8 倍。同时支持从产品采购、商品管理到、订单、发货、仓储、物流、售后统计报表等跨境电商全流程、一站式、自动化高效管理。

本章小结

本章主要学习了 Shopee ERP 系统对接方法,主要内容有 Shopee 可对接的 ERP 系统和功能模块,芒果店长 ERP 对接 Shopee 实现店铺产品和订单管理的方法,通途 Listing 对接 Shopee 后进行店铺管理的方法。

本章习题

第十二章习题